Cecil Thiré

Mestre do seu Ofício

Cecil Thiré

Mestre do seu Ofício

Tania Carvalho

imprensaoficial

São Paulo, 2009

Governador   José Serra

imprensaoficial   **Imprensa Oficial do Estado de São Paulo**
Diretor-presidente   Hubert Alquéres

Coleção Aplauso
Coordenador Geral   Rubens Ewald Filho

Apresentação

Segundo o catalão Gaudí, *Não se deve erguer monumentos aos artistas porque eles já o fizeram com suas obras.* De fato, muitos artistas são imortalizados e reverenciados diariamente por meio de suas obras eternas.

Mas como reconhecer o trabalho de artistas geniais de outrora, que para exercer seu ofício muniram-se simplesmente de suas próprias emoções, de seu próprio corpo? Como manter vivo o nome daqueles que se dedicaram à mais volátil das artes, escrevendo, dirigindo e interpretando obras-primas, que têm a efêmera duração de um ato?

Mesmo artistas da TV pós-videoteipe seguem esquecidos, quando os registros de seu trabalho ou se perderam ou são muitas vezes inacessíveis ao grande público.

A *Coleção Aplauso*, de iniciativa da Imprensa Oficial, pretende resgatar um pouco da memória de figuras do Teatro, TV e Cinema que tiveram participação na história recente do País, tanto dentro quanto fora de cena.

Ao contar suas histórias pessoais, esses artistas dão-nos a conhecer o meio em que vivia toda uma classe que representa a consciência crítica da sociedade. Suas histórias tratam do contexto social no qual estavam inseridos e seu inevitável reflexo na arte. Falam do seu engajamento político em épocas adversas à livre expressão e as conseqüências disso em suas próprias vidas e no destino da nação.

Paralelamente, as histórias de seus familiares se entrelaçam, quase que invariavelmente, à saga dos milhares de imigrantes do começo do século passado no Brasil, vindos das mais variadas origens. Enfim, o mosaico formado pelos depoimentos compõe um quadro que reflete a identidade e a imagem nacional, bem como o processo político e cultural pelo qual passou o país nas últimas décadas.

Ao perpetuar a voz daqueles que já foram a própria voz da sociedade, a *Coleção Aplauso* cumpre um dever de gratidão a esses grandes símbolos da cultura nacional. Publicar suas histórias e personagens, trazendo-os de volta à cena, também cumpre função social, pois garante a preservação de parte de uma memória artística genuinamente brasileira, e constitui mais que justa homenagem àqueles que merecem ser aplaudidos de pé.

José Serra
Governador do Estado de São Paulo

Coleção Aplauso

O que lembro, tenho.
Guimarães Rosa

A *Coleção Aplauso*, concebida pela Imprensa Oficial, visa resgatar a memória da cultura nacional, biografando atores, atrizes e diretores que compõem a cena brasileira nas áreas de cinema, teatro e televisão. Foram selecionados escritores com largo currículo em jornalismo cultural para esse trabalho em que a história cênica e audiovisual brasileiras vem sendo reconstituída de maneira singular. Em entrevistas e encontros sucessivos estreita-se o contato entre biógrafos e biografados. Arquivos de documentos e imagens são pesquisados, e o universo que se reconstitui a partir do cotidiano e do fazer dessas personalidades permite reconstruir sua trajetória.

A decisão sobre o depoimento de cada um na primeira pessoa mantém o aspecto de tradição oral dos relatos, tornando o texto coloquial, como seo biografado falasse diretamente ao leitor.

Um aspecto importante da *Coleção* é que os resultados obtidos ultrapassam simples registros biográficos, revelando ao leitor facetas que também caracterizam o artista e seu ofício. Biógrafo e biografado se colocaram em reflexões que se estenderam sobre a formação intelectual e ideológica do artista, contextualizada na história brasileira.

São inúmeros os artistas a apontar o importante papel que tiveram os livros e a leitura em sua vida, deixando transparecer a firmeza do pensamento crítico ou denunciando preconceitos seculares que atrasaram e continuam atrasando nosso país. Muitos mostraram a importância para a sua formação terem atuado tanto no teatro quanto no cinema e na televisão, adquirindo, linguagens diferenciadas – analisando-as com suas particularidades.

Muitos títulos exploram o universo íntimo e psicológico do artista, revelando as circunstâncias que o conduziram à arte, como se abrigasse em si mesmo desde sempre, a complexidade dos personagens.

São livros que, além de atrair o grande público, interessarão igualmente aos estudiosos das artes cênicas, pois na *Coleção Aplauso* foi discutido o processo de criação que concerne ao teatro, ao cinema e à televisão. Foram abordadas a construção dos personagens, a análise, a história, a importância e a atualidade de alguns deles. Também foram examinados o relacionamento dos artistas com seus pares e diretores, os processos e as possibilidades de correção de erros no exercício do teatro e do cinema, a diferença entre esses veículos e a expressão de suas linguagens.

Se algum fator específico conduziu ao sucesso da *Coleção Aplauso* – e merece ser destacado –, é o interesse do leitor brasileiro em conhecer o percurso cultural de seu país.

À Imprensa Oficial e sua equipe coube reunir um bom time de jornalistas, organizar com eficácia a pesquisa documental e iconográfica e contar com a disposição e o empenho dos artistas, diretores, dramaturgos e roteiristas. Com a *Coleção* em curso, configurada e com identidade consolidada, constatamos que os sortilégios que envolvem palco, cenas, coxias, sets de filmagem, textos, imagens e palavras conjugados, e todos esses seres especiais – que neste universo transitam, transmutam e vivem – também nos tomaram e sensibilizaram.

É esse material cultural e de reflexão que pode ser agora compartilhado com os leitores de todo o Brasil.

Hubert Alquéres
Diretor-presidente
Imprensa Oficial do Estado de São Paulo

Para Valéria Schilling, a melhor amiga que alguém pode ter.

Tania Carvalho

Introdução

Cecil Thiré é do tipo *low profile* – o que hoje em dia é um estilo em desuso. Não gosta de se expor, não vê muito sentido em ficar falando sobre si mesmo. Por isso mesmo hesitou em fazer este livro. *Será que tenho alguma coisa para contar?* Uma rápida olhada em seu extensíssimo currículo dissipa qualquer dúvida. Cecil tem bastante a contar. Produtor, diretor, ator, tradutor e até mesmo coreógrafo, Cecil faz de tudo em teatro. No cinema, participou do Cinema Novo à chamada pornochanchada – dirigiu, atuou e fez roteiros. Em televisão, começou como galã, passou pelo humorismo como ator e diretor e fez alguns vilões memoráveis como Mário Liberato de *Roda de Fogo* e o assassino Adalberto de *A Próxima Vítima*. Além disso, é professor há mais de vinte anos. *Gosto de me definir como um intermediário. Sou tradutor, diretor, ator, produtor, eu estou entre a obra e o espetáculo. Mesmo quando sou professor eu estou entre a arte e o aprendiz.*

Nossos encontros começaram em julho de 2008, logo depois que terminei o livro de sua mãe, a diva Tônia Carrero. Uma feliz coincidência apenas. Já havia falado pela primeira vez com Cecil pelo telefone em janeiro de 2008, antes de começar o livro de Tônia. Mas compromissos de trabalho, a direção de uma peça em São Paulo, adiaram a nossa agenda.

Em fevereiro comecei as conversas com Tônia, que se encerraram em julho, originando o livro *Movida Pela Paixão*, também da Coleção Aplauso. Em seguida, imbuída dos *segredos* da família Portocarrero comecei a conversar com Cecil. É claro que imaginava que uma biografia teria tudo a ver com a outra. Surpresa. Embora Cecil e Tônia tenham trabalhado muitas vezes juntos, ele construiu a sua carreira de forma muito sólida longe dela. Contando com a sua generosidade em diversos momentos, o que ele fez questão de ressaltar inúmeras vezes, mas não dependendo dela. Se no começo muitos se referissem a ele como o *filho da Tônia*, em pouco tempo ele foi firmando a sua reputação, conquistando os espaços até se consagrar definitivamente como o diretor de peças premiadas, como *A Noite dos Campeões*, *A Resistência*, entre tantas outras, que marcaram os anos 70.

As nossas conversas foram realizadas na minha casa. Eu e Cecil somos quase vizinhos, ambos moradores do Leblon. No nosso quarto encontro, Cecil questionou o que chamou de *bom mocismo*. Para os que pensam que com isso Cecil resolveu colocar lenha na fogueira das vaidades alheias, ledo engano. *Eu acho uma inutilidade legal ficar falando bem de todo mundo, enaltecendo o que já foi enaltecido pela crítica, não vejo lá muito objetivo nisso não. Quero espalhar um pouco de brasa. Não é falar mal de ninguém não, mas falar mal de mim. Afinal nin-*

guém está mais autorizado do que eu para isso. E se eu falo mal de mim, também posso criticar algumas outras coisas. Leitura edificante é uma pasmaceira.

Com a opção de falar o que pensa ou ser político, Cecil marcou a primeira. Embora tenha ponderado sobre o assunto, como faz habitualmente: *não se deve sempre falar a verdade, a não ser na infância, quando a gente se habitua a ela. É preciso que os pais saibam se você escovou os dentes, atravessou a rua, comeu – é uma questão de segurança. Quando a gente cresce demora muito a entender que o legal não é dizer sempre a verdade, mas sim a coisa certa. Acho que não aprendi até hoje.*

Foi com extrema sinceridade e refinado humor que Cecil contou as desventuras que ocorreram em sua carreira quando ficou careca; a fama de homossexual que o perseguiu durante anos depois de ter interpretado Mário Liberato em *Roda de Fogo*; a enorme quantidade de *cornos elegantes* que fez em sua carreira. Para quem se engana com o jeito sério de Cecil – e, confesso, ter sido sempre uma dessas pessoas – será uma ótima surpresa descobrir seu fino senso de humor. *Sou um comediante. A seriedade só existe nos traços do meu rosto. Algo com que não posso lutar. Eu sou carrancudo, e todo mundo supõe um rigor que eu realmente não tenho. Sou uma pessoa rigorosa, sou cumpridor, sou*

Caxias, chego na hora, essas coisas todas, mas eu não sou tão exigente quanto pareço.

Quando o assunto, porém, é interpretação, Cecil fica sério. Ele se mostra contra o que é usual na interpretação dos atores brasileiros, o método sem método de tentativa e erro. Obsessivo quando se trata de entender o interpretar, Cecil é realmente um mestre do seu ofício – daí o título do livro. Em muitos momentos da entrevista, ele demonstrava seus pensamentos, em vez de somente descrevê-los. Como chorar, como decorar, como entender um personagem, como criar algo totalmente inesperado. Há mais de 45 anos no ramo, sendo que nos últimos 20 dedicados também a ensinar, ele mostra neste livro toda a sua jornada em busca de entender os meandros da interpretação. E adianta para todos que se interessam pela arte de interpretar um trecho de seu método de interpretação, que será publicado em breve e virou o último capítulo deste livro.

Interpretar, segundo Cecil, se resume em uma simples frase: *É querer o que o personagem quer.*

Simples assim, mas de uma sofisticação... Assim é Cecil. Aproveite!

Tania Carvalho

outubro de 2008

À minha amada Nancy Galvão, companheira há tantos anos, com quem espero passar ainda todos os anos.

A meus filhos, Luisa, Carlos, Miguel e João, que esse registro de memória possa ser de alguma utilidade.

E à Senhora Tônia Carrero, que começou isso tudo, inclusive a minha pessoa.

Cecil Thiré

Capítulo I

O Dom de Iludir

Celi, Ziembinski e Kusnet foram os meus grandes mestres. Com 15 anos de idade eu queria ser escritor. Mas nessa época também gostava do jeito do Adolfo Celi, que era casado com a minha mãe e com quem eu convivi 10 anos da minha vida. Admirava o que ele fazia e comecei a querer muito ser aquilo que ele era. Meu pai, Carlos Thiré, era diretor de cinema. Minha mãe, Tônia Carrero, uma diva do cinema e do teatro. Então... eu ia ser diretor de teatro e de cinema. Falei com o Celi do meu desejo e ele me disse: estou *abrindo um curso, entra e aprende a representar, a ser ator, para ser diretor*. Ele achava importante saber representar para ser diretor, dentro dos valores e da maneira que ele enxergava as artes cênicas. E lá fui eu aprender, fiz um curso de dois anos, paralelamente aos meus estudos do segundo grau.

Celi era um ator de cinema com uma formação verdadeiramente sólida. Ele havia se formado na L'Accademia d'Arte Drammatica Silvio D'Amico, em Roma, até hoje a única escola estatal de arte dramática da Itália, que, aliás, é pródiga em cursos para atores. Ele fez alguns filmes na década de 40, veio para a Argentina fazer um trabalho, foi cooptado pelo Franco Zampari e ficou no Brasil, dirigindo no TBC e na Vera Cruz.

O polonês Ziembinski era um excelente diretor e um esplêndido ator. Estreei no teatro com uma peça dirigida por ele, *Descalços no Parque*. Logo depois dividi o palco com Kusnet em *Pequenos Burgueses*. Esses três homens traziam o teatro dentro de si. Eu me fixei em um, depois no outro e ainda no outro logo após. E eles foram a minha universidade.

Esses três europeus foram grandes formadores e revolucionaram o teatro brasileiro. As companhias tinham elencos permanentes até então: Jaime Costa e seus artistas, Procópio Ferreira e seus artistas. As companhias eram formadas por umas dez pessoas e as peças ficavam uma ou duas semanas em cartaz: espetáculos na segunda, dois na terça, dois na quarta, três na quinta, dois na sexta, três no sábado e três no domingo. As tardes eram dedicadas ao ensaio. Como os atores eram fixos, se havia um personagem velho e ninguém na companhia tinha idade, colocavam uma peruca no ator e pronto. Os atores iam se revezando, porque enquanto uma peça estava em cartaz, a outra estava sendo ensaiada. É claro que havia o ponto, porque ninguém tinha cabeça para decorar e trabalhar tanto. A luz era difusa no palco e feita de gambiarras, com luzes de cores diferentes no alto, e mais luzes da ribalta, no proscênio. Ziembinski trouxe para o Brasil a luz de refletor, recortada, texto de cor sem o ponto, os atores escolhidos de acordo com o papel.

Estréia no teatro, com Helena Ignez: Descalços no Parque

E tudo passou a ser assim a partir de então. Isso foi uma mudança enorme, de como se enxergar o teatro, ou seja, menos convencional e mais próximo do realismo naturalista, mais próximo de uma verossimilhança, ou seja, mais capaz de levar o espectador à proposta do autor de clima de observação do ser humano.

E, mais do que tudo, esses diretores trouxeram a revolução do século XX do teatro que foi o método Stanislavski. Eles nos ensinaram a fisiologia da interpretação. Depois de *Vestido de Noiva*, dirigido pelo Ziembinski, os atores foram obrigados a fazer personagens. Até então, eles diziam o texto da peça, mas mantinham suas próprias personalidades. Essa foi uma revolução, sem dúvida!

Esses europeus ensinaram também na prática alguns rudimentos, eles não sabiam muito bem explicar o que queriam que nós atores fizéssemos. Eles dirigiam fazendo o papel. Ziembinski fazia uma Helena Ignez em *Descalços no Parque* que era uma gracinha. E vários de nós ficamos com essa capacidade de mostrar. Economiza muita palavra e muita explicação. Você faz exagerado, defendendo uma idéia, para que ator entenda e não precise fazer com tanta clareza.

Eu estava com 16 anos quando entrei no curso do Celi. Ele colocou na minha mão *A Preparação do Ator*, do Stanislavski.

Esse livro é um tratado geral em termos de interpretação, é uma coisa extensa, vasta e complexa, o jovem fica basbaque diante daquilo e não sabe o que fazer. O fundamento da arte da interpretação está lá. Assim como Freud descobriu o que se passava na cabeça das pessoas, Stanislavski destrinchou os mecanismos da representação. O que veio depois deles são variações em torno do mesmo tema. Eles permanecem soberanos. É, sem dúvida, um método bastante complexo, no bom sentido, e ensinamentos básicos te escapam. Você se alonga, usa sua imaginação, faz improvisações, coloca a sua voz, você aprende esgrima, aí botam um papel no seu nariz e dizem: *agora faz*. Com Celi eu tive muitas aulas de criatividade e desembaraço, o que era improvisação, de vez em quando tinha um *textozinho* que a gente fazia. Eu estava lidando com o teatro desde os meus 13 anos, quando fiz uma figuração em *Otelo* em Poços de Caldas, em 1957. Fiz também uma participação na *Viúva Astuciosa*, eu e Celi como uma dupla de criados que não falava nada. Pura farra. Mas eu estava muito nas coxias, nos bastidores das montagens da minha mãe, então eu continuei o meu relacionamento com interpretação, direção, com o teatro, dentro do curso do Celi. Aliás, fui um dos melhores alunos do curso.

Quando fiz *Os Pequenos Burgueses,* com Eugênio Kusnet, aprendi diversos macetes da arte de representar, coisas muito práticas, que funcionavam superbem. Em 1967 ele abriu um curso na Academia da Raquel Levy, me lembro que era em Copacabana, e fui fazer aula com ele. Pela primeira vez pude ter contato direto com algumas aplicações praticas do método Stanislavski, ou seja, a utilização do subtexto, da visualização das falas. Isso o Eugênio me forneceu.

Com o Ziembinski o que tive foi um aprendizado à brasileira, à maneira da nossa pátria, por tentativa e erro. Ziembinski era absolutamente prático: *faça assim*. E eu aprendi a entender o que ele queria com isso. Aí eu fazia o que ele queria, mas pelo sentido que a coisa tinha. Tudo que ele pedia tinha um sentido. Ele não explicava, acho, porque o ator brasileiro não tinha, como não tem, uma formação metodológica, a ponto de você dizer, *mexe com o seu objetivo um pouco* ou *você está se esquecendo de certo elemento*. Então, diretores como Ziembinski, que eram altamente técnicos, diziam *faz assim*, em vez de recorrerem a elementos de um método de interpretação. Além disso, o período de ensaios era muito curto e era preciso chegar a um resultado logo. Até hoje é assim: na escola em que dou aula, de vez em quando a gente faz uma montagem e é um inferno. Não dá para ensinar, tem que montar a peça. O Antunes Filho faz isso no grupo dele, ele monta a peça e pára para ensinar, leva nove meses a um ano ensaiando uma peça. A gente aqui normalmente tem dois meses, fica tudo mais difícil.

Celi, Kusnet e Ziembinski me deram um contato primeiro e bastante sólido com o teatro realista, naturalista. Pegar o texto, entender o texto e fazer com que o público entenda também. Ziembinski, Celi faziam encenações inteiramente estudadas a partir do texto. Um teatro feito de dentro para fora, a partir do texto, do significado, da mensagem que resulta em um espetáculo compreensível, inteligível, e que o publico se deixa levar. Essa foi a base da minha formação que foi complementada depois em 66, enquanto nós tínhamos companhia de teatro no Teatro Jovem, formada por mim, Kleber Santos, Nelson Xavier e Sergio Sanz. Nelson Xavier liderou um seminário de estudos sobre o método Stanislavski, ele queria simplificar aquilo para a gente poder usar. E esse seminário foi muito bem freqüentado, tinha Thelma Reston, Suzana Moraes, Isabel Ribeiro, José Wilker, muita gente boa. Realmente pudemos mexer com vários elementos do método de maneira mais concreta, isso contribuiu também demais na minha formação e também para o entendimento do teatro.

É claro que aprendi também com atores. Acho que o ator que mais me impressionou quando era criança foi Paulo Autran. Eu me lembro de ficar na coxia, com uns 13 anos, com o Paulo vociferando a dois metros de mim o texto de *Otelo* de Shakespeare, se entregando tão completamente às emoções que jamais consegui esquecer.

Mais tarde eu fiquei muito impressionado também com Gianfrancesco Guarnieri, Walmor Chagas, Fauzi Arap e Nélson Xavier no palco. E, de longe, vendo na televisão, Lima Duarte e Luiz Gustavo. Vendo de mais longe, Marlon Brando, Marcelo Mastroianni, Toshiro Mifune, Paul Newman. David Niven me influenciou diretamente, com seu jeito meio *blasé* de fazer comédia que eu adoro, muito econômico e com certa ironia por trás de tudo, eu me sinto bastante à vontade também nesse território.

Paulo, porém, foi uma grande referência. Tive o prazer de dirigi-lo, quando ele estava com 70 anos e de contracenar com ele, em *Variações Enigmáticas*, quando ele fez 80. Esta peça com Paulo foi minha pós-graduação. Fiquei vendo como ele trabalhava, querendo tirar dele ensinamentos, para ensinar à rapaziada, porque nessa época já era professor. Mas ele sabia fazer, não sabia ensinar não. Embora maduro a essa altura, ele ainda conservava características de quem está bastante preocupado com a sua responsabilidade perante o público. Ao mesmo tempo, Paulo era tão apaixonado, tinha uma capacidade tão extraordinária, que fazia bem, a despeito de você. Paulo estava sempre muito adiante de mim: ele traduziu a peça e memorizava depressa, sabia o texto de cor antes de mim e sabia o que queria fazer antes de mim. Então não importava muito o que eu fazia, ele fazia daquele jeito, então eu fui fazendo do meu jeito, a partir do dele. Paradoxalmente ele era generoso para me dar dicas:*não faça assim, faça assado*, eu seguia todas e todas davam certo. Ele não queria brilhar sozinho. Ele não era bobo nem nada, sabia que brilharia de qualquer jeito e que eu não estava querendo me apossar de nada e sim fazer bem a peça. Nesse sentido a gente comungava totalmente na paixão pelo teatro bem feito. Não sei dizer o quanto nem como o Paulo me influenciou, porque sempre esteve muito próximo.

Com Paulo Autran em Variações Enigmáticas

A mesma coisa acontece com a minha mãe. Não sei o que tenho de parecido com ela. Não consigo distinguir. Quando o outro é parte de você, é fácil negar a influência, *não tenho nada de fulano*, e todo mundo está vendo as similaridades. É como ouvir a própria voz em um gravador e não reconhecer, o que é comum. É claro, porém, que ela foi um parâmetro, mas não racionalmente. Vi trabalhos dela que eu gostei, trabalhos que não gostei, vi coisas que ela fez que acho interessante, coisas que não prefiro. A mãe, porém, sempre prevaleceu sobre a estrela.

O teatro que gosto foi o que aprendi com esses mestres. O teatro da segunda metade do século 20, que eu vivi intensamente. Na verdade é um teatro que começa na virada do século XIX para o XX, na Europa, com o Teatro de Arte de Moscou e todos os seus desdobramentos, uma limpada no naturalismo, uma baixada de bola de afetação, um entregar-se ao personagem, esquecendo inteiramente que você é um primeiro ator, que você tem que impressionar como primeiro ator, coisa que você vê até hoje acontecendo. Ainda hoje há ator muito mais preocupado em impressionar com a sua habilidade do que fazer o personagem. Eu gosto desse teatro que você se entrega, se abandona, faz o seu papel. Vejo muita gente que é taxada de ser sempre igual, via de regra está mais preocupada com seu desempenho, com seu talento fantástico, do que com seu personagem.

Isso, definitivamente não me interessa. Vejo diversos colegas jovens, mas já maduros e sedimentados, com muito espaço na mídia e na profissão, que preparam seu papel em casa e executam em presença do outro, não interagem. Vejo isso na televisão e no teatro, atores que falam com os colegas como se estivesse falando com uma porta. Vários, muito célebres, muito notórios, muito distintos, talvez até com mais projeção do que eu, paciência. Mas eu fui formado dentro desse teatro que prioriza o texto, o personagem e que todos têm um papel dentro do espetáculo para alcançar o objetivo. Demorei a me formar dentro desse teatro, a me descobrir, a me achar, a me localizar, me sinto bem aí, é o teatro que eu gosto.

Quando estreei eu era um bom ator, porque não complicava nada, ia fazendo. Percebia, entendia o que o Ziembinski mandava e ia em frente. Quando eu comecei a me refinar é que me compliquei, entrou o observador no meio do caminho. Quando você se observa, quer causar um determinado efeito, não dá certo. Levei muitos anos até me despir de novo. Aos 30 anos estava fazendo *A Gaivota*, era louco pelo Tchecov, o papel era maravilhoso, numa montagem genial e eu me entreguei, viajei, agi em nome do personagem. Eu intuí esse caminho e isso segurou toda a minha futura carreira de diretor e de ator.

Dentro de um realismo naturalista, consegui fazer bons trabalhos, ganhei prêmios e foi bastante útil também para a minha carreira na televisão.

Em 1975 fiz a novela *Escalada* e não me esqueço que eu queria fazer tão de verdade, tão pra valer, que numa cena com o Tarcisio Meira, eu tinha que dizer – *desculpa, eu estou inteiramente desnorteado* – e falei de uma forma que o Tarcísio parou a cena. O Régis Cardoso perguntou o que tinha acontecido. O Tarcisio disse: *Ele não parou? Ele não falou que esqueceu?* Eu enganei o Tarcísio, ele achou que o Cecil estava desnorteado, não o personagem. Ele não deve se lembrar disso, mas eu nunca me esqueci. Faz de verdade que cola.

Nunca me preocupei se me achavam um canastrão. Eu sempre tive cara de pau suficiente para me manter na profissão. Se me achavam ruim, pensava: *bom, que se dane!* E segui em frente. Desde o começo da minha carreira, eu era diretor assistente, ator, tradutor e logo passei a ser produtor. Então eu fazia muita coisa para perder tempo pensando no que achavam de mim. Eu sempre fui muito profissional. Sou pragmático mesmo. Minha relação com a profissão também sempre foi clara. Eu me dediquei àquilo que pagava as minhas contas. Eu fiz a minha carreira, não pensando num sonho, na minha imagem, ser isso ou aquilo. Sempre foi claro: *e no fim do mês como é que fica?*

Em cena de Escalada

E sempre escolhi os trabalhos assim: se só tem um é ele; se tem dois e dá pra conciliar, vão ser os dois; dá pra conciliar três, vão ser os três. Eu não estava querendo acumular, fazer um pudim de dinheiro, mas queria pagar as contas no fim do mês. Dureza eu sempre achei muito feio. Não ter dinheiro, não poder satisfazer as minhas necessidades, eu acho medonho, esse é o meu maior medo.

E além de ator, me tornei diretor de cinema, teatro e televisão, tradutor, produtor, roteirista de cinema, figurinista e até coreógrafo.

Capítulo II

A Gênese

Nasci no dia 28 de maio de 1943, filho de Maria Antonietta Portocarrero, que todos conheciam como Mariinha, e de Carlos Thiré. Sou Cecil Thiré por causa do meu avô paterno, que era professor de matemática. Tenho um segundo nome, Aldary, por causa do arquiteto Aldary Toledo, melhor amigo de meu pai. Minha mãe estava crente que eu ia me chamar Vicente Portocarrero Thiré. Meu pai me registrou como Cecil Aldary Thiré. Sem Portocarrero. Ela se queixa até hoje disso. Meu outro avô, o Barão, também era professor de matemática e militar. Entre os números e as artes vivi a minha infância. Era uma família louca essa, dividida entre a razão e emoção? Não sei, nasci assim.

Meu nome, digamos assim, causa-me até hoje alguns problemas. Nada grave: mas sou chamado de Cecíl, Celsi, Celso. No telefone, então, quando digo Cecil sempre ouço em seguida: *oi? Hem? Como?* Às vezes para facilitar eu digo: é o masculino de Cecília em inglês. Meu avô Cecil era mineiro, mas filho de um engenheiro de minas francês, Charles Arthur, que veio para o Brasil trabalhar em uma companhia de ingleses e se casou com a filha do dono. Daí Cécil (com a pronúncia inglesa) Thiré (com a pronúncia francesa, embora eu prefira falar abrasileirado, com um só erre e acento agudo mesmo).

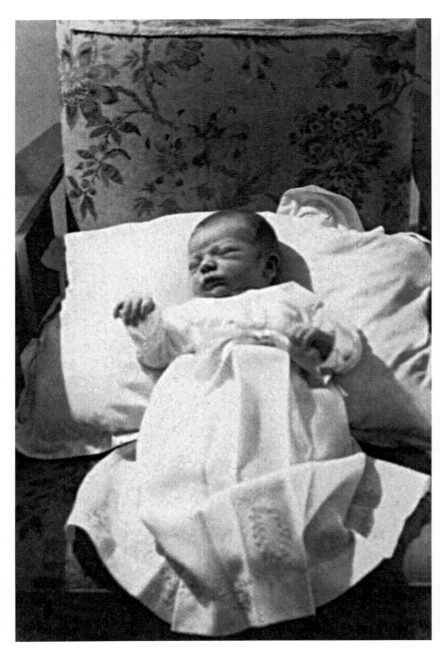

Com os pais, Tônia e Carlos

Minhas origens francesas estão em Caen, na Normandia, de onde veio meu bisavô. Até hoje tenho parentes lá. Charles Arthur Thiré veio para o Brasil, mas muitas de suas irmãs casaram com rapazes da família Henri. A família Henri e a família Thiré eram muito amigas, uma ligação que começou no século XVIII. Meu avô Cecil tinha um primo amicíssimo que era Pierre Henri. Etienne Henri, sobrinho de uma Thiré, esteve uma vez no Brasil, procurou no catálogo, encontrou uma *thiresada* enorme e fez contato. Na viagem seguinte que fiz à França eu fui à procura dele e encontrei em sua casa uma foto minha tirada no dia em que fiz um ano. Fui também a Caen me encontrar com os Thirés que ainda estavam lá. Acho interessante que essa ligação permaneça.

Eu tinha certeza que quando estivesse na Europa todos acertariam o meu nome, mas não foi bem verdadeiro. Na França eu era Monsieur Cecíl; na Inglaterra, Mister Thíre. Sem exagerar, meu nome não é um peso, é somente uma característica. E durante vários anos ninguém teve a preocupação de acertar ou errar o meu nome. Eu era o filho da Tônia Carrero e pronto.

Até hoje moro na minha aldeia de nascimento. Estou no Leblon a um quilômetro de onde vivi nos meus primeiros anos, de frente para a Praia de Ipanema: Av. Vieira Souto 712. O número ainda existe, mas o prédio é outro.

Com a mãe, Tônia

Com o pai, Carlos

Não mais o que morei com meus pais, que, aliás, era do Walter Pinto, um famoso homem do teatro de revista. Ipanema na época era em Deus me livre, um lugar largado. Artista nessa época achava feio ter dinheiro. Meu pai ganhava muito e detonava, minha mãe andou por esse caminho também. Meu pai tinha um carrinho mixuruca, mas na época já era muita coisa. Éramos uma família classe média mais alta do que pensava que era, embora não houvesse nenhuma preocupação neste sentido.

Minhas primeiras recordações são a areia da praia e os tatuís de Ipanema. Minha memória é boa, sou capaz de lembrar coisas que aconteceram quando era bem pequeno. Consigo me lembrar de uma viagem que fizemos a Angra dos Reis, em 1944. Era uma viagem longa, ia-se até Mangaratiba e depois de rebocador até Angra dos Reis, um lugar bastante selvagem, lindo. Dessa parte, não me lembro, me contaram. Mas eu me lembro de um casebre, onde vivia uma família negra pobre, que bebia café em caneca de folha de flandres, e comia angu, uma polenta dura em fatias largas, como se fossem grandes fatias de bolo. Essa, com certeza, ninguém me contou, mas a cena é bastante viva na minha lembrança. Eu me lembro, também, com uns dois anos, minha mãe me levava pra passear numa cadeirinha na bicicleta, era na frente, perto do guidom.

E lá ia ela e eu bicicletando pela Visconde de Albuquerque, com a luz sendo filtrada pelas folhas das árvores, uma coisa linda.

Nossa casa no arrabalde de Ipanema vivia com as portas abertas. Antes de minha mãe ser famosa já acontecia tudo lá em casa. Ela era uma mulher muito bonita, cortejada, admirada, e meu pai conhecia todos os artistas. O Rio de Janeiro era a capital da República, atraía todos os artistas do país pra cá, pela repercussão que havia quando acontecia uma exposição de pintura ou se lançava um livro aqui. Então os artistas vinham para a capital da República, uma cidade com um milhão e meio de pessoas. A comunidade artística era pequena, havia quatro ou cinco companhias de teatro, uma ou duas de cinema, e artistas plásticos você contava nos dedos das mãos, se tanto. Essa comunidade pequena, se conhecia, conversava, se inquietava e sonhava junto. Muitos artistas iam sempre à minha casa: Carybé, Ceschiatti, Antonio Bandeira, quando estava no Brasil, Anaori, um português arquiteto bastante conhecido, Ernani Vasconcellos, Aldary Toledo, José Pedrosa, Rubem Braga, Paulo Mendes Campos, Fernando Sabino, Di Cavalcanti. Era uma sucursal da casa do Aníbal Machado, que ficava bem pertinho e também vivia cheia de intelectuais.

Meu pai, Carlos, era um artista desde que eu nasci. Ele fazia muita coisa, era muito explosivo, tinha imaginação, muitas idéias. Foi um pintor razoável, excelente desenhista, um dos iniciadores da publicidade no Brasil nos anos 40, um cineasta premiado, diretor da Vera Cruz, produtor e diretor de televisão, cenógrafo premiado no teatro... Fez tudo isso e morreu com 45 anos. Ele tinha um defeito congênito na válvula mitral, que acho que até na época já se operava, mas pouco tempo depois passou a ser uma coisa não tão grave. Mas ele morreu disso. Era um homem bonito e que nunca se economizou. Fazia esporte, virava noites, bebia, vivia fartamente. Minha mãe sempre foi chegada às artes, mas ficava em casa. Nós tínhamos uma vida doméstica, igual a de todas as pessoas. Um dia minha mãe decidiu ser artista. Eu tinha uns cinco anos quando Mariinha virou Tônia Carrero. Tônia Carrero, então, é mais nova do que Cecil. Talvez por isso tenha parecido mais velho do que ela a vida inteira. Ou pelo menos essa era a brincadeira que o Hugo Bidet, uma figura folclórica de Ipanema fazia: *Tônia Carrero é a única mulher no mundo que tem um filho mais velho do que ela.*

Antes disso, quando eu tinha três anos, meu pai ganhou um prêmio num salão de pintura – minha mãe diz que não, mas eu sei disso, ela também disse que eu nunca tive hepatite e eu me lembro bem – e uma bolsa pra estudar em Paris. Ela foi depois encontrá-lo e começou a estudar teatro lá.

Eu fui para a casa de meus avós maternos, fiquei com vovô e vovó e uma pessoa extraordinária, que atualmente é difícil existir. Era uma negra, que foi morar com minha avó quando tinha 15 anos, porque na casa se precisava de uma babá para o meu tio mais velho. Luiza, assim ela se chamava, já estava com minha avó quando minha mãe nasceu, porque ela é a caçula da família. Quando minha mãe se casou, Luiza foi também; quando eu nasci, ela estava lá; quando nasceram meus filhos, ela veio para a minha casa para lavar fraldas e se mudou. Minha filha mais velha se chama Luisa por causa dela. (Só tiramos o z e colocamos um s, por exigência da mãe, que é filha de italianos). Luiza acompanhou tudo dos meus filhos mais velhos, Luisa, Carlos e Miguel, eles chamavam-na de vovó.

Luiza esteve na minha vida sempre. Quando meus pais viajaram, ela ficou comigo na casa dos meus avós e depois que a minha mãe passou a trabalhar muito era ela quem me levava no colégio, ao médico, para comprar roupa. O lado mãe ficou delegado a ela, enquanto minha mãe trabalhava feito uma louca no início de sua carreira. Não houve nada de traumático nisso tudo. Nem mesma com relação à viagem. Mamãe às vezes diz que se sente culpada por ter ido. Isso é frescura, tinha que ir mesmo. Naquela fase da vida ela não podia perder a oportunidade de viver na França, de ter contato com artistas, de estudar.

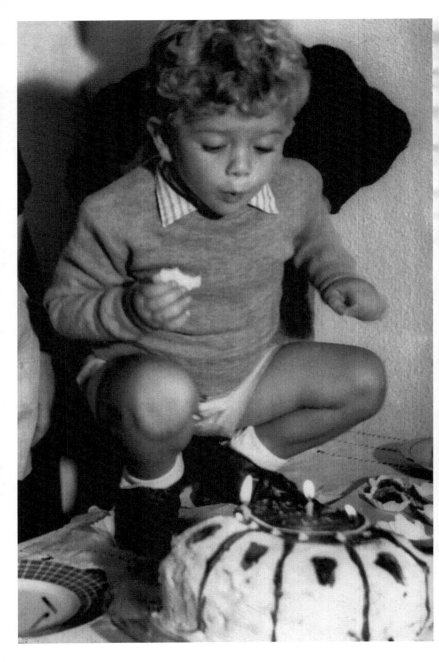

Uma história que ficou famosa na família e todos contam e recontam – eu mesmo não sei se me lembro: quando minha mãe chegou no navio – da imagem dela no convés, eu me lembro – dizem que eu gritei, avisando a grande novidade: *mamãe, já tenho 4 anos.*

Minha mãe sempre teve problemas com a própria mãe. A minha relação, porém, com a minha avó Zilda sempre foi ótima. Ela era uma doce criatura. Eu sou o neto mais velho dos dois lados. Minha mãe tinha dois irmãos e meu pai, três. Da minha geração eu fui o primeiro a nascer, os avós dos dois lados ficaram loucos com o neto. Vovó era atenciosa, carinhosa, tem um monte de brincadeiras que sei até hoje – cheirar a cabeça dizendo que está fedorenta, matar piolho no cabelo, que são coisinhas que ela brincava comigo. Minha avó não tentava me roubar da minha mãe. Houve somente um incidente: minha avó e meu avô me batizaram à revelia. Meu pai era ateu - terceira geração de ateus e meus filhos já são a quinta. A família dele não tinha religião e assim permaneceu. Meu pai não estava nem aí para batizado. Minha avó achou isso um absurdo. Os dois me seqüestraram – seqüestrar é uma palavra forte, me subtraíram, não vamos ser bombásticos – me levaram numa igreja e me batizaram.

Quando meus pais se mudaram para São Paulo, por causa do contrato com a companhia de

Em sua festa de 3º aniversário

cinema Vera Cruz – e depois mamãe foi para o TBC - eu fui junto a contragosto. De um momento para outro perdi o meu referencial. No primeiro ano a gente morou numa rua de terra ótima, era Rua Antártica, que hoje é uma grande avenida. Lá eu ficava solto, andava sempre por um terreno baldio, olhava por cima do muro e via o treino do time do Palmeiras. No segundo ano, a gente se mudou para a Rua Apa, uma travessa da Av. São João, com asfalto pra todo lado. Aí eu fiquei muito sozinho, detestava São Paulo, e durante os quatro meses por ano de férias, durante um período de três anos, eu ficava com meus avós. Eles moravam na Rua Santa Clara, no coração de Copacabana, que já era completamente urbana na época. Eu adorava ficar com meus avós e não havia conflito de educação. Vovó era mais formal, na casa dela era de um jeito, e lá em casa era de outro, embora a nêga Luiza fizesse uma ponte entre os dois mundos. Ela tinha um jeito muito próximo da minha avó. Era uma família. Ninguém media forças através de mim. Uma vez passei um mês em Cabo Frio com minha tia paterna e mais uns amiguinhos. Foi ótimo, a gente curtiu Cabo Frio, que nos anos 50 era uma coisa maravilhosa. Eu voltei queimado e magro. Minha avó ficou escandalizada com meu cabelo grande, e me fez cortá-lo, botar um terninho e tirar umas fotos que tenho até hoje. Não teve nenhuma bronca. Mas chegar todo largado, queimado, cabeludo foi demais para ela.

Bastou tirar uma foto, bem bonitinho, que tudo ficou certo. Bem civilizado. O jeitinho dela.

Sou filho único por parte de mãe, mas tenho uma irmã por parte de pai, Bárbara. Ela era um bebezinho, quando se deu a separação do nosso pai da mãe dela. Os dois brigaram demais, e quem acabou ficando com a guarda dela foi meu avô Cecil. Bárbara morava com meu pai e tinha crises de choro freqüentes, sua instabilidade emocional era grande. Mas as crises passavam com a minha presença. Ela nem sabia que eu era irmão dela, mas algo muito forte já existia entre a gente. Quando meu pai morreu, ela tinha sete anos e fui o responsável por entregá-la para a mãe. Minha mãe foi mentora deste gesto. Meu avô nunca mais falou comigo e morreu brigado. Eu só o vi morto, minhas tias fizeram com que eu beijasse a sua testa. Bárbara ficou morando em São Paulo e eu ia visitá-la esporadicamente. Atriz também, trabalhou comigo no *Planeta dos Homens*, em *Sassaricando*, na peça *Ela é Bárbara*, enfim é uma pessoa sempre presente na minha vida, falo com ela sempre. Tenho dois sobrinhos: Rodrigo e Camila.

Eu estudei quase o tempo todo na rede pública, que na época era muito boa. Comecei aqui em Ipanema; em São Paulo fui até o quarto ano também em escola do governo. Aí meus pais se separaram, minha mãe me botou no quinto ano, numa escola cara, o Mackenzie.

Quando voltamos para o Rio fiz exame para o Pedro II, onde meu avô era professor, meu pai era ex-aluno, entrei e foi muito bom porque fiz, inclusive, novos amigos. Quando voltei para o Rio, com doze para treze anos me restavam os amigos de infância: o Pedro de Moraes, filho do Vinicius, o Carlos Arthur Liuzzi, e o Eduardo Vasconcellos. Esse quarteto se viu bastante freqüentemente, mas quase só nas férias, porque o Pedrinho e o Eduardo eram internos em Cataguases. Eu conheci bastante solidão porque eles ficavam mais tempo fora. Aos poucos fui fazendo ambiente no colégio Pedro II, fiz novas amizades, como os irmãos Alexandre e Alberto Levy, o Carlos Alberto Guimarães, que é embaixador, de quem sou amigo até hoje. Desde o Pedro II, ainda de uniforme, já cultivava o hábito de tomar uma cervejinha. A gente saía do colégio fardado, ia para o boteco em frente, tomava uma cerveja, chegava em casa às 10 horas da noite, trocando perna, isso tudo ainda bem novinho. Como eu tinha barba na cara, enganava todos, porque parecia mais velho.

Uma pessoa que foi importante na minha vida desde a adolescência foi minha tia Marita, irmã de meu pai. Foi a primeira pessoa que me deu um livro de adulto para ler. Quando eu tinha 13 anos ela colocou na minha mão *Encontro Marcado*, de Fernando Sabino, e me orientou para ler Sartre, Simone de Beauvoir, Guimarães Rosa. Digamos que ela foi minha mentora no

O avô Carlos Thiré com seus netos. Cecil é o mais velho.

encaminhamento da literatura e nas descobertas da adolescência. Ela foi uma tia realmente muito especial. Seu filho Leonardo – que também é ator e assina Leonardo Thierry – é também bastante importante na minha vida. Fomos sempre próximos, moramos juntos uma época, compartilhamos diversas coisas, embora ele seja mais novo do que eu.

Mais tarde o quarteto de amigos se refez, os amigos saíram de Cataguases, vieram pro Rio de Janeiro e passamos a freqüentar a casa do Carlos Arthur em Cabo Frio, no verão. E lá íamos nós para todo lado juntos, dos 16 aos 21, a gente andou grudado indo cada um para o seu lado na hora de encontrar as namoradas. Eu adorava fazer caça submarina e nessas temporadas na praia conheci um alemão de Hamburgo, Erik Jackle, que se radicara em Cabo Frio. Ele levava a gente para pescar em um barquinho e dizia assim: *você mergulha aqui, tem uma pedra preta, do lado tem uma pedra vermelha, vai embaixo que tem uma lagosta*. E tinha. Ele sabia as tocas habituais das lagostas, ele conhecia o fundo do mar em Cabo Frio. Ele era caseiro de um figuraço do clube Flamengo. A casa tinha um gramado enorme. O patrão chegava e perguntava: *como está o gramado?* O Erik que era um grande boêmio respondia: *já aparei a grama, botei o esterco, só falta espalhar*. Na verdade ele pegava os cavalos na rua e colocava-os para comer a grama. Os cavalos sujavam o gramado e pronto, tudo resolvido: grama aparada e com esterco. Esse cara me ensinou muita coisa de mergulho e de vida.

Quando terminei o segundo grau, não estudei mais. Ainda bem que tive uma formação sólida no Pedro II. Eu estudei sete anos de latim, não valeu para grandes coisas não. Dizem que ajuda para aprender outras línguas, porque você consegue identificar as raízes de algumas palavras, mas isso é papo de filólogo. Estudei quatro anos de ginásio e três de clássico no Pedro II e durante todos esses anos tive Francês e Inglês. Espanhol, estudei por um ano. Italiano, fiz um cursinho fora de dois meses e aprendi vendo cinema. Falo e escrevo as quatro línguas. Aprendi também no Pedro II muito de literatura, política, filosofia, humanidade em geral. Meu manejo da língua portuguesa é bastante razoável, em matemática sempre fui uma negação, embora tivesse dois avôs professores. Quando eu tinha uns treze anos, machuquei o calcanhar brincando na beira da Lagoa, o machucado infeccionou, formou um abscesso no joelho, tomei doses enormes de antibióticos, mas acabei tendo que fazer cirurgia. Fiquei dois meses de cama e ainda assim consegui passar de ano, mas eu perdi aulas de matemática que me fizeram falta para sempre, nunca mais recuperei. Eu conseguia passar de ano, nunca fui reprovado em nenhuma matéria.

Com professores e colegas do Pedro II, dentre eles, na fila de baixo, Turíbio Santos (último à direita) e Marcos Flaksman (segundo à esquerda)

Era uma escola ótima e quanto melhor a escola mais fomentada a discussão entre os estudantes, a sede de saber, de querer saber melhor, de achar que está inventando o mundo, e está começando tudo novamente e é assim que deve ser mesmo. Eu sou tido por pessoas amigas como alguém de uma cultura razoável e a minha base é o Pedro II, eu não fiz faculdade nenhuma. Mais tarde, freqüentei uma faculdade como professor, mas vestibular nunca fiz.

Fui muito burro por não querer estudar e sim trabalhar. Por que parei de estudar? Porque eu já sabia o que queria ser: ator, diretor de teatro e cinema e as escolas não me entusiasmavam. Chegaram a me acenar com a possibilidade de ir para França estudar cinema ou para Itália para ficar um tempo na mesma escola que Celi estudara. Mas acho que tive medo. Eu quase fui, mas não fui, enfim fiquei por aqui. A vida era boa demais em Ipanema.

Além do mais, quando acabou o Pedro II eu estava ligado ao Partido Comunista, estava bastante preocupado com a questão da revolução brasileira, levando tudo muito a sério, com aquela solenidade que só um adolescente tem. O Pedro tinha sido exilado em Mato Grosso, porque ele repetiu ano demais. A mãe dele, Tati de Moraes, não sabia o que fazer com ele, que era um estudante super relapso, então pediu para o cunhado dela, que era general do exército reformado, Américo, para ajudar o filho. Tati mandou o Pedrinho para a fazenda do Américo em Campo Grande, onde eu já tinha ido uma vez. Quando acabou o colégio eu fui lá para Mato Grosso (hoje Mato Grosso do Sul) conversar com o Pedrinho para ver se havia ambiente pra fazer a revolução lá, iniciar a guerrilha rural. Ele me disse: *você tá louco, ninguém fala disso aqui não!* Desolado, voltei e me juntei ao CPC da UNE, que era um lugar onde eu podia unir as minhas convicções políticas com o meu pendor profissional. Podia fazer política revolucionária de esquerda através do teatro, que me entusiasmava muito igualmente.

Era um momento de muita efervescência. A Bossa Nova e o Cinema Novo eram movimentos que surgiam e que se voltavam para o povo brasileiro. O compositor com formação erudita foi fazer a música do povo. A câmera do cinema nas mãos do pensador de classe média, de nível universitário, voltou-se para a realidade brasileira. Abílio Pereira de Almeida já escrevia no TBC sobre a burguesia brasileira, mas foi a partir do Arena que passou a se escrever sobre o povo brasileiro no teatro. Isso tudo acontecia ao mesmo tempo pela primeira vez na metade do século XX. E foi nesse momento de efervescência que entrei no barco.

Capítulo III

Os Anos 60

Tempo de Revolução

O meu primeiro trabalho profissional foi em *Cinco Vezes Favela*, no episodio dirigido pelo Leon Hirszman, *Pedreira de São Diogo*. Fiz um papelzinho mudo, mas eu conto a minha carreira de ator daí: 1962. Depois, participei da UNE Volante, uma caravana do CPC da UNE, que levava espetáculos por todas as capitais do Brasil. Fiz uma peça do Vianinha, *Brasil Versão Brasileira*, uma do Arnaldo Jabor chamada *O Formiguinho e sua Porta* e encenávamos a *Canção do Subdesenvolvido*, de Carlos Lyra. Era esse o repertório com que viajamos. Eu me lembro, em Recife, tomando uma cerveja de noite, com o Oduvaldo Vianna Filho, o Vianinha, com Armando Costa e outros amigos e dizer: *quando voltarmos para o Rio temos que dar uma repensada no teatro brasileiro*. O Vianinha me respondeu: *eu estou cagando pro teatro brasileiro, eu quero é fazer a revolução brasileira*. Ficamos amigos nessa ocasião e pela vida inteira.

Quando eu cheguei dessa viagem meu pai tinha feito um contato com o Ruy Guerra, para que eu fosse assistente dele em *Os Fuzis*. Eu estava encantado pelo cinema, que vivia uma fase efervescente. Ruy tinha acabado de fazer *Os Cafajestes*, Anselmo Duarte tinha ganhado

TAL MÃE TAL FILHO OU
PRIMEIRO ATO DE CECIL

Texto de ACCIOLY NETTO / Fotos de JOSÉ VIEIRA

MÃE e filho juntos. A juventude de Tônia lhe dá o ar de ser apenas uma irmã pouco mais velha que Cecil.

No dia da estréia de "Descalços no Parque", no Teatro da Maison de France, estão duas pessoas tremendamente emocionadas: Cecil Thiré, que faz sua primeira apresentação num palco interpretando o jovem marido da peça de Neil Simmons, e sua mãe, Dona Maria Antônia Pôrto Carrero, que o Brasil se acostumou a admirar sob o nome destacado na arte do palco de Tônia Carrero. Ela estará na sala, para aplaudir seu filho.

Num ponto os dois concordam: Cecil não deve ser apenas um ator.

— "No Brasil" — diz Tônia — "a carreira de intérprete teatral ainda é muito limitada em suas possibilidades de criação."

Cecil fala: "— Quero dirigir, para ter uma perspectiva mais ampla como artista, no sentido do homem que cria arte maiúscula".

Cecil e Tônia, dentro de casa, quase não parecem filho e mãe. São dois companheiros que brincam juntos, juntos pensam sôbre o futuro, fazem as críticas mútuas também juntos. Embora extraordinariamente experimentada no ofício em que agora seu filho começa a dar os primeiros passos, Tônia tem o cuidado de não influenciar com sua marca pessoal o livre desenvolvimento artístico do rapaz. Nem mesmo essa opção de Cecil pelo teatro foi influência de Tônia.

"— Nunca desejei nenhuma carreira para êle" — diz ela. — "Apenas quero vê-lo feliz e realizado."

Mas, apesar disso, tem absoluta confiança nas possibilidades artísticas de Cecil: "Êle é tão sério nas coisas que faz, tão responsável, que acredito venha a ser bem sucedido em tudo que tentar fazer".

TÔNIA diz que não influenciou Cecil. Êle escolheu o teatro por sua livre vontade. "— O que desejo" — diz ela — "é que Cecil seja sempre feliz."

Arte de mãe para filho

ZIMBINSKY é o diretor de "Descalços no Parque". Na foto, êle aparece dando instruções a Cecil Thiré. É um diretor de muita experiência.

Essa seriedade foi, mais uma vez, testemunhada por Tônia e os que freqüentam sua casa, durante o tempo em que Cecil se preparou para interpretar o papel que lhe coube em "Descalços no Parque", a peça que Oscar Ornstein está produzindo para o Teatro da Maison de France. Êle contracenará com a jovem (mas experimentada) Helena Ignez e a veterana (mas sempre nova) Maria Sampaio; isso quer dizer que o estreante Cecil Thiré aparece com uma responsabilidade muito grande, para que não "se apague" no palco. Tônia confia em que isso não acontecerá — e se mostra satisfeita com que a estréia de seu filho se faça assim junto a artistas amadurecidos nas lides teatrais.

A experiência de ator lhe servirá para a realização de seu desejo de ser um bom diretor. Cecil não deseja ficar apenas como um intérprete. Considera que, no teatro, "só o diretor e o autor é que realmente criam. O artista é mero instrumento". Êle, que já desejou ser um escritor, sente que sua vocação o levará para a direção teatral. Tônia justifica o filho:

"— O ator vive um papel que alguém escreveu e o desempenho será conforme a orientação de outra pessoa. Êle é um instrumento no processo criador. E eu gostaria que Cecil tivesse suas possibilidades bem amplamente aproveitadas".

Desta vez, não acontecerá isso. Cecil desempenhará seu papel. Dirigindo-o, estará Zimbinsky, com quem o filho de Tônia Carrero poderá aprender muito. E, ao fim, quando o pano baixar sôbre a última fala do último ato, na sala do Teatro da Maison de France, a Senhora Maria Antônia Pôrto Carrero baterá palmas. E Cecil ficará satisfeito.

EM CASA, Cecil Thiré ensaia com Helena Ignez. Na peça, êles são os dois jovens personagens. Mas Helena não é mais uma estreante.

MARIA SAMPAIO completará o trio dos personagens principais da peça em que Cecil Thiré fará sua estréia teatral. Na foto, está com Zimbinsky.

a Palma de Ouro em Cannes com *O Pagador de Promessas*, o Cinema Novo estava acontecendo. Era um momento muito especial. Eu, que continuava querendo ser diretor, achei que seria bom ser diretor de cinema, assim como meu pai. A produção do Ruy foi adiada, mas esse contato me rendeu uma ligação com Silvio Autuori, um cara de publicidade, que ia dirigir um curta metragem chamado *O Anjo*. Ele me contratou como assistente, o produtor era o João Elias. Eu era assistente de tudo: da direção, da produção, até do maquinista. Em seguida, o João Elias produziu *Os Mendigos*, filme do Flávio Migliaccio, e fui assistente dele. Ruy Guerra estava no elenco. Eduardo Coutinho fazia uma ponta, bem interessante.

Chegou o momento de trabalhar em *Os Fuzis*, com Ruy Guerra. Fomos para a Bahia, fiquei seis meses vivendo lá na locação. O Ruy foi meu mestre, me deu aulas seguindo as suas apostilas do IDHEC (Institute des Hautes Etudes Cinématographiques, na França): como estruturar uma equipe de cinema, as funções de um assistente de direção, além de noções de fotografia, de câmera e de lentes. Isso foi a minha base para alguns anos depois dirigir dois filmes. O Ruy, assim como Celi, foi muito importante na minha formação. Ficamos muito amigos nesta época, ele chegou a morar comigo. Na casa de minha mãe havia um terceiro andar em cima da garagem, dois quartinhos. Eu morava lá, me achava super independente por causa disso.

Num quartinho eu dormia, no outro ficava o meu escritório. O Ruy morou uns tempos nesse escritório, onde fizemos o último tratamento de *Os Fuzis*. Depois a amizade foi se esgarçando, nos perdemos e só nos reencontramos em *A Bela Palomera*, no final dos anos 80, que ele dirigiu e fiz um papelzinho, filmei em Parati e foi uma convivência, como sempre, muito agradável.

Meu próximo trabalho foi *Cabra Marcado pra Morrer* do Eduardo Coutinho. Aí aconteceu o golpe de 1964, que nos pegou em Engenho de Cananéia. Tivemos que fugir, porque estavam atrás de nós. A equipe inteira passou a noite no mato, depois andou horas por cima do morro, até sair em uma estrada. Lá pegamos um ônibus e conseguimos nos alojar na casa da Ded Bourbonaiss, que estava hospedada na casa da minha mãe aqui no Rio. Ela era uma figurinista/cenógrafa bastante conhecida na época, trabalhava na Cia. Tônia-Celi-Autran, uma amiga da família. Eu pude telegrafar para casa, para o César Thedim, que era casado com a minha mãe. Escrevi assim: *Casa Ded maravilhosa*, uma forma de eu avisar onde estava. Ele arranjou um papel com os amigos milicos dele, como se fosse me prender, e me trouxe de volta para o Rio. Quando cheguei no CPC da UNE não tinha mais CPC. Nem UNE.

Minha mãe estava louca atrás de mim, para eu fazer uma peça que ela tinha comprado os direitos, chamada *Descalços no Parque*, do Neil Simon. O Oscar Ornstein tinha os direitos de uma peça que minha mãe queria fazer: *Qualquer Quarta-feira*. E minha mãe tinha os direitos de *Descalços*, que o Oscar queria produzir. Os dois resolveram ficar sócios e produzir as duas peças. Tônia estrelou *Qualquer Quarta-feira*. Eu e Helena Ignez estrelamos *Descalços no Parque*.

Eu tinha 20 anos em 1964, meu pai acabara de morrer, estava começando tudo, quando uma porta se fechou, a das liberdades democráticas. E mudou a minha vida e grande parcela da minha geração. No começo relutei, não queria fazer uma peça alienada, para usar um jargão da época. Mas estava com o rabo entre as pernas, fugido dos militares, *preso* pelo Thedim e acabei concordando. O golpe fora muito violento. E decidi que ia me divertir.

A direção era do Ziembinski, junto com Maria Sampaio. Carlos Kroeber fazia um papelzinho, e era assistente de direção. Zimba fazia um papel também. A peça fez um enorme sucesso – mais do que a peça da minha mãe. Ficamos não sei quanto tempo no Maison de France, depois passamos para o Copacabana Palace. Um ano em cartaz, com sessões de terça a domingo, nove por semana. E sabe o mais curioso: eu fugi das tropas do golpe de 64 e dois meses depois o Presidente Castello Branco estava na platéia me vendo em *Descalços no Parque*.

Ele gostava muito de teatro, o que não acontece com os nossos democratas de agora que nunca põem o pé em um teatro.

Nós estávamos começando a vida em meio a uma censura rigorosíssima. Nós que queríamos discutir o país, a estrutura da sociedade brasileira fomos ficando encurralados. Nós queríamos encontrar soluções para os problemas existenciais, as angústias de cada um na estrutura da sociedade. A gente queria mudar o mundo mesmo. Agora não. O pessoal quer mudar para se ajeitar, para se enquadrar e tirar uma fatia maior do mundo. O mundo está ótimo, as pessoas é que precisam se encaixar nele. Hoje não se questiona a estrutura da sociedade, só se questiona a adequação de cada um a ela.

Esse é o sistema americano de pensar, não se discute a organização social não, ela está perfeita, você é que está inadequado. Nesse período todo da ditadura, o teatro teve uma grande importância dentro do Brasil, porque era onde permanecia acesa uma chama de discussão da realidade brasileira. A liberdade passou a ser uma grande bandeira. Eu achava que os objetivos de fazer sucesso e ganhar dinheiro eram uma besteira. O teatro sem engajamento não fazia sentido, eu achava que todo ato é um ato político e todo gesto é um gesto político, você pode ter consciência ou não. E eu agia assim, procurava agir assim, mesmo depois do golpe de 64.

Quando aconteceu o golpe, fizemos uma reunião da base do comitê cultural do Partido Comunista no Rio de Janeiro e a diretriz foi que caíssemos na vida civil, na vida profissional para que ganhássemos notoriedade e importância. E lá fomos nós. Depois, quando tudo se esvaziou eu fiquei um pouco sem saber o que fazer e passei a *vender meu corpinho lindamente*. O regime opressor só foi melhorar lá pelo final dos anos 70, quando pude participar ativamente da abertura das gavetas, da liberação das peças. Um belo momento da minha vida, mas vamos falar disso depois.

Vou voltar para *Descalços no Parque*. Fiz a peça porque não tinha opção e para aprender. E gostei. Fiquei três anos somente sendo ator. Gostei tanto de ser ator, de fazer o papel que Robert Redford fez depois no cinema que não larguei mais. Em seguida, fiz *Os Pequenos Burgueses*. Minha mãe empresariou o Teatro Oficina para que ele viesse ao Rio. Não sei de que maneira ela me colocou no elenco, mas com certeza teve o dedo dela. Aliás, em toda a minha vida profissional, quando eu precisei, ela esteve do meu lado. Não sei que conversa houve entre eles ou deixou de haver, jamais me contaram. Só sei que o Ronaldo Daniel havia sido substituído pelo Cláudio Marzo em São Paulo, mas ele não viria para o Rio. E eu entrei. Claro que eu senti que tinha havido uma mexida, ou um gesto muito hábil, político, por parte do Oficina, chamando o filho da empresária ou a empresária dando um jeito de botar o filho. Zé Celso estava na Europa temporariamente, e o espetáculo estreou no Rio sob a batuta do Fernando Peixoto. A concepção era a do Zé Celso, assim como o elenco era o original: Renato Borghi, Ittala Nandi e Eugênio Kusnet. Foi um estrondo. Um sucesso de bilheteria fantástico. O Castelo Branco mais uma vez esteve na platéia.

Logo depois, fiz *Arrastão*, um filme francês, com roteiro de Vinicius de Moraes. Era uma adaptação de *Tristão e Isolda*, passada em uma aldeia de pescadores. O ator francês era o Pierre Barouh, um músico conhecido, que fazia o galã, Tristão; Duda Cavalcanti fazia Isolda. Eu interpretava o Rei Marcos. Como todos podem perceber, minha vocação para viver cornos vem de longe. O que fiz papel de corno é uma beleza, não sei por que, mas a verdade é que sempre acharam que eu ia bem de corno. Tem um corno elegante, chama o Cecil, que ele anima o personagem. Bem, mas voltando ao filme que iniciou a longa série de cornos, foi muito interessante fazer *Arrastão*. Nós filmamos em dez semanas, ficamos hospedados no Cassino Icaraí, e foi nessa época que o meu francês desenrolou de vez. Eu tinha a base do colégio, fiz muita amizade com Pierre e com a francesada toda, a gente trabalhava em francês o tempo todo, tomei duas cervejas a mais, desinibi e passei a falar fluentemente.

Quase fiz um filme com a Claudia Cardinale, mas quem acabou fazendo foi o Cláudio Marzo. *Arrastão* não passou aqui no Brasil, ficou em cartaz acho que somente uma semana em Paris. O filme não era bom, mas ganhei um bom dinheiro com ele.

Era hora de me aventurar na primeira produção, com o que havia ganhado no filme. Junto com Sérgio Sanz, Nélson Xavier e Kleber Santos montamos *América Injusta* (*In White America*), de Martin Duberman e um musical de Hermínio Bello de Carvalho, *João, Amor e Maria*. Lá estava eu de volta às minhas origens, produzindo uma peça sobre racismo e um musical ambientado em uma vila de pescadores, romântico, é verdade, mas que falava do povo brasileiro. O dinheiro acabou rápido: metade, perdemos em uma peça, e a outra metade, na outra. Foi aí que *decidi vender meu corpinho*: fui trabalhar na Companhia Carioca de Comédia, que era formada por Rosita Tomaz Lopes, Ítalo Rossi, Célia Biar e Napoleão Muniz Freire em *O Senhor Puntilla e seu Criado Matti*, de Bertold Brecht, com direção de Flávio Rangel. O elenco era fantástico e todos amigos, o que foi muito bom. Flávio? Bem o Flávio foi uma emulação para mim. Durante anos me espelhei nele para fazer exatamente o contrário. Éramos amigos, gostava de trabalhar com ele, embora achasse que fazia tudo errado. O Flávio, em minha opinião, não sabia lidar com atores.

No primeiro ensaio ele pegava a peça e lia todos os papéis. Muito mal, diga-se de passagem. E achava que era assim que devia ser feito pelos atores. Além disso, ele trazia toda a marcação de casa. Eu faço tudo ao contrário. Mas quero ressaltar, Flávio era um homem de caráter, um homem honesto, um homem íntegro, um trabalhador de teatro, um cara que foi importantíssimo em vários momentos da luta contra a ditadura, enfim, um cara bem legal.

Continuei na Companhia com Rosita, Napoleão, Célia. Eles abriram teste pra *Oh!, Que Delicia de Guerra*, eu passei e a montagem era no mesmo teatro, Teatro Ginástico, e lá a gente ficou. Um dia a Bárbara Heliodora, e seu marido, Darci de Almeida, os dois amigos da minha mãe, foram assistir à peça. A única coisa que ela falou no final foi: *pôxa você sua muito, hem...* Fiquei achando que aquilo que fazia não era bom não, mas também, azar. Pensei: *eu estou obedecendo o diretor, estou fazendo o que posso, eles são uns chatos*. No fundo, talvez, eles tivessem razão. Porque na primeira peça, em *Descalços no Parque,* entrei completamente despreparado, só com a intuição funcionando, então a intuição me fazia agir em nome do personagem. Logo depois eu comecei a querer controlar e a tomar conta do que fazia, isso tensiona qualquer um, deixa qualquer ator esquisito. Eu não estava bem em *Pequenos Burgueses*, em *América Injusta*, em *João, Amor e Maria*.

Em *Puntilla* teve um momento que fiz bem. Eu, José Wilker, Peréio e Ângelo Antônio fazíamos os pequenos papéis na peça. Eu era, porém, o substituto do Jardel Filho. Meu querido amigo, com quem trabalhei muitas vezes depois e tive uma ótima relação. Jardel tinha uma fama de complicado e era preciso deixar sempre um ator de prontidão para substituí-lo. Outro precisava saber o seu papel, eu havia sido contratado também para isso, e eu sabia bem. O contrato do Jardel acabava numa quinta-feira e a peça ia até domingo. Ele disse que ia viajar e que eu devia entrar em cena. Eu tenho certeza que ele fez isso de pirraça, mas também para me dar um espaçozinho. Fiz o Matti e fiz bem. Quando você está bem em um papel, tudo flui.

Durante a temporada de *Oh!, Que Delícia de Guerra*, em 1967, eu me casei com a Ana Maria Magalhães. A gente se conheceu no filme francês, *Arrastão*, namorou um ano e meio, casou e ficou casado um ano e meio. Ela era filha de um deputado, Sérgio Magalhães, um cara de centro-esquerda, politicamente importante, que foi candidato ao governo do Estado do Rio de Janeiro e quase ganhou no lugar de Carlos Lacerda. Se tivesse ganhado, talvez a historia do Brasil tivesse sido diferente. A gente se casou numa festa na casa da Eva Wilma e John Herbert. Uma farra! Começava uma nova fase da minha vida, saí da casa da mamãe, mudei de endereço e tinha muito mais responsabilidades.

A sorte é que estava com dinheiro porque tinha acabado de fazer a minha primeira novela: *Angústia de Amar*, na TV Tupi de São Paulo. Aliás, a Eva Wilma fazia a peça comigo e a novela. A gente fazia teatro aqui terça, quarta, quinta, sexta, sábado e domingo. Segunda de manhã a gente pegava a Ponte Aérea, ia pra Tupi de SP, gravava de uma às seis, terça feira de meio dia às quatro e pronto. Era tudo em estúdio, Geraldo Vietri dirigia. A novela era de época, eu fazia uma cara que ia para a guerra do Sudão, um galã, que era disputado pela Eva Wilma e pela Aracy Balabanian. *Pode um homem amar uma mulher feia?* – essa era a grande questão da novela. Eu ficava cego na guerra e me apaixonava pela Aracy. Juca de Oliveira era o meu rival, a minha tia era a Beatriz Segall, e o meu fiel escudeiro era o Marcos Ploncka, ficamos amigos pra sempre. Eu era *galãzão*, com cabelo e tudo. A gente vivendo um clima de ditadura no país, cheio de preocupação com censura, e a novela discutia problemas de um rico herdeiro no Sudão. Uma coisa bem louca! Fiz essa novela e não tentei fazer mais. Não criei ambiente e não me chamaram para fazer outra. Nós que fazíamos teatro, participativo, engajado ou Cinema Novo, achávamos a televisão uma besteira, uma coisa muito reles, muito rastaqüera. A televisão foi feita pelos incultos, não por homens de cultura não. Sua estética foi construída por homens como Régis Cardoso, Daniel Filho, que mal fala português, mas é brilhante no que diz, não é um cara cultivado, mas é inteligência pura. O Boni andou se cultivando depois, mas não é um cara erudito. Esse império foi construído por quem caiu com apetite, com garra em cima, e não por quem tinha cultura. Quem tinha cultura foi fazer cinema, teatro, depois foram cooptados pela televisão, que os botou no gueto dos cultos, e até hoje acho que é assim. Eu estou me botando do lado dos cultos porque falo mais que uma língua. Eu fui tratado assim dentro da TV Globo, porque sabia algumas coisas.

Ainda em 1967, fui convidado para ser assistente de direção do Fernando Torres e ator em uma montagem de *A Volta ao Lar*, de Pinter. No elenco estava meu queridíssimo Ziembinski. Éramos muito amigos, ficamos até no mesmo camarim. O pessoal sacou que eu era amigo do velho, ele andava nervoso e nos colocou juntos, o que era uma delícia. O Zimba achava que não tinha sotaque. Era muito engraçado. Ele tinha uma memória privilegiada, ele enfiava o texto na cabeça rapidamente. Um dia, estávamos ensaiando o primeiro ato de *A Volta ao Lar* – aliás, vou fazer um parêntese, o pessoal adorava pegar do começo, até aprender por tentativa, eu tinha ódio disso, eu acho que o terceiro ato tem que ser tão ensaiado quanto o primeiro, o pessoal não acha isso não, acha que embala e vai. Bem, começou o primeiro ato, e o Zimba logo nas primeiras falas, esquece o texto. *Nunca me aconteceu isso, desculpa podemos começar de novo?* Começa de novo e ele esquece de novo. E uma terceira vez. Aí o velho entrou em crise, começou a chorar, correu pro camarim. Eu fui atrás: *o que é isso Zimba?* E ele: *isso nunca aconteceu em minha vida, fiz Hamlet e em três dias decorei tudo.* Ponderei que ele devia estar cansado e ele concluiu: *é isso mesmo, passei a noite trepando, gozei quatro vezes.* E riu satisfeito.

Eu estava muito feliz com o trabalho. João Bennio, que era um maluco mineiro, radicado em Goiás, queria fazer um filme, escolheu a Ana Maria Magalhães para ser a protagonista, e não tinha diretor. Ele sabia que eu era um bom assistente de direção, o Joaquim Pedro de Andrade falou que eu estava preparado para dirigir, e ele me convidou. Falei com o Fernando e com a Fernanda, *olha, eu estou sendo convidado para dirigir um longa-metragem*, eles compreenderam, não acharam um absurdo e eu saí da peça.

E lá fui eu dirigir *O Diabo Mora no Sangue*, todo rodado na Ilha do Bananal. Eu tinha 24 anos e a primeira coisa que dirigi na minha vida foi um longa-metragem em cores. Uma ousadia. Eu era o mais jovem da equipe, mas tinha a experiência de ter trabalhado com Ruy Guerra e Eduardo Coutinho. Eu sabia fazer. E fiz. Era tudo muito simples, uma equipe com sete pessoas, a gente fazia o que dava para fazer, verdadeiramente uma câmera na mão e uma idéia na cabeça. Fazia-se cinema com pouco dinheiro naquela época. E se fazia muito cinema ruim por conta disso. Cinema com um pouco mais de investimento, com um pouco mais de sofisticação de linguagem, fica melhor. Hoje no Brasil se faz cinema melhor com certeza. Mas naquela época se fazia cinema como dava. O Cinema Novo, sejamos honestos, foi bom de imprensa. Há filmes com algumas qualidades, mas não são bons filmes mesmo. O Cinema Novo produziu filmes instigantes, com muita revolta, muita personalidade, muitas características marcantes, mas não bons filmes, tanto que os cinemas foram se esvaziando. Quando o cinema funciona a platéia fica cheia.

1968 foi um ano muito complicado da história do Brasil. Muita repressão, AI-5, censura. Eu continuava me virando. Passei um período descasado, avulso, morando com a minha mãe em uma cobertura na Fonte de Saudade. Lá eu recebia amigos, namorava, farreava. Foi um período curto. Neste ano fiz as peças *Black Out*, *Disque M para Matar*, *Irma La Douce*. Tanto *Disque M*, quanto *Irma La Douce* foram dirigidas pelo Antônio de Cabo. Fiquei um ano trabalhando com ele no Teatro Ginástico e foi uma delícia. *Irma* era um musical muito famoso, eu fazia um papel enorme e o Maestro Borba tentava me fazer cantar. Jamais consegui cantar direito. Eu não consigo afinar, uma tristeza, mas me puseram para fazer um musical, lá estava eu.

Em *Oh! Que Delicia de Guerra*, que também era um musical, era para eu ter um solo, mas decidiram sabiamente que era melhor eu ficar cantando no conjunto. Em *Irma La Douce* eu solava, fazia o papel principal masculino, o que Jack Lemmon fez no cinema. Cantava mal, mas solava.

Nessa época conheci Norma, que foi minha mulher por 14 anos. E continuei trabalhando intensamente: no cinema participei do filme *Álibi*, uma produção italiana do Celi. E dirigi uma peça *Juventude em Crise.* Minha mãe produziu para mim, mas acabou não dando certo. Minha mãe foi um amor, esteve por trás de todos os meus trabalhos, meu anjo da guarda, ela realmente foi decisiva em todos os passos. Eu fui cavando o meu caminho também, não ficava esperando, mas ela se antecipava. Ela era uma pessoa importantíssima no país. Quando inventaram a sigla *VIP* (*Very Important Person*), fizeram uma eleição e três pessoas ganharam: Don Helder, Pelé e Tônia Carrero. Os três *VIP*s eram eles. Minha mãe era mais conhecida do que muito político, do que muito jogador de futebol. Quando ela estrelou *Tico Tico no Fubá*, recebia de duas a três mil cartas por mês. Não dá para esquecer que a população do Brasil era bem menor. Um amigo meu, chamado Baiardo, aprendeu a forjar a assinatura dela, e assinava milhares de fotos que minha mãe enviava mensalmente para os fãs. Ela era realmente famosa, conhecida. Eu, filho único, não podia ter toda a atenção dentro de casa, porque ela teve que construir a carreira dela. Quando cresci e fiquei ao seu lado, ela me facilitou tudo que pôde, abriu portas, financiou, me deu geladeira, fogão, carro, tudo o que precisava, mesmo se eu não quisesse.

Às vezes me perguntam se alguma porta se fechou porque eu sou filho de Tônia Carrero. Não creio. Foi-me cobrada uma certa responsabilidade, me foi imputada uma certa folga. *Ah, Cecil é mimado, folgado, tem regalias*. Nunca dei muita bola, não, sempre trabalhei muito. Estou trabalhando até hoje, estou fazendo, me saio bem, me saio mal. A única coisa que levei muito tempo para aceitar foi trabalhar junto com ela. *Isso não vai dar certo*. Se ela me convidasse, tinha certeza que ia dizer que não, não queria que parecesse que estava na sua carona. Esse *muito tempo* foram cinco anos, quando achei que já tinha feito bastante na minha carreira solo e que a gente podia trabalhar juntos. Aí nos encontramos em *Falando de Rosas*. Acho que fui eu que propus essa peça, eu li e gostei e ela topou para mim. Não era um bom papel para ela. Minha mãe sempre teve essa noção de estar em primeiro plano, e como não estava, embora a peça tenha tido um sucesso bastante satisfatório na época, ela não gostava de fazer não. Para mim foi muito bom, acho até que não tinha alternativa profissional no momento, não me lembro mais. Digamos que foi pura generosidade de minha mãe.

Capítulo IV

Os Anos 70

Do Desemprego à Consagração

Os anos 70 começaram me condenando ao desemprego. Fiquei irremediavelmente careca. Aos 18 meus cabelos começaram a cair e os tratamentos não eram eficientes: umas injeções subcutâneas, uns cremes, uns sabonetes. Nada adiantava nada, nenhum tratamento era realmente eficaz. Hoje ainda bem existem tratamentos que resultam: meus filhos Carlos, Miguel e João começaram a se tratar muito cedo. Meu pai foi careca e o meu tio mais velho foi careca, eu quando comecei a perder cabelo meu pai disse: *Ih, vai ficar careca.* E eu fiquei. E qual é o problema em ser careca? Simples, ninguém escala um homem careca jovem. E eu estava com pouco mais de 26 anos. Depois dos 40, o careca é o banqueiro, o dono da empresa, o vilão, o inimigo do mocinho. Careca é símbolo de poder. Um jovem sem cabelos, porém, é como se tivesse algo amputado. É verdade que fui constatar tudo isso depois. Na época eu não me preocupava em ser careca. Acho que nem sentia que era careca. Mas a verdade é que os convites foram escasseando junto com meus cabelos.

Até *Falando de Rosas* – quando eu já escondia um pouco a falta de cabelos pintando o couro cabeludo com lápis de sobrancelha para disfarçar – eu fazia o rapazinho, o galã.

Aí sumiu tudo e decidi aceitar um convite para ser professor visitante de cinema na Universidade de Brasília. Lá fui eu em janeiro, levado pelo fotógrafo Fernando Duarte, e junto com Vladimir Carvalho. Em Brasília fiquei até julho. Só não fui efetivado porque nunca tinha feito vestibular, não podia ser professor universitário. Apesar de o cinema ser um território novo e não haver escola de formação era preciso ter nível universitário para lecionar. Vladimir ficou lá, porque ele era formado em letras. Eu poderia ficar no máximo como assistente de ensino, não me interessou. Fiquei o primeiro semestre de 1970 em Brasília e voltei. Em julho voltei para o Rio de Janeiro e me apareceu um tra-

A evolução da careca, em formato 3 x 4

balho: eu já estava mais corpulento, usava uma barba grande, fiz *Cemitério de Automóveis*, era assistente de direção e fazia um dos papéis cuja brutalidade, não tinha nenhum compromisso com galã. Em 1971 como estava prematuramente amadurecido, aos 27 anos, fui fazer o marido da Maria Della Costa, que é da geração da minha mãe, em *Tudo no Jardim*. Entre esses dois trabalhos ainda fiquei uma semana na montagem de *Galileu Galilei*, com direção do Zé Celso. Aliás, foi muito estimulante e instigante essa convivência rápida. Eu fazia o papel do inquisidor, personagem mais velho pelo menos uns 15 anos do que eu, alguém já detentor de um grande poder.

Nesse momento de hiato eu me sentia bem prejudicado. Não que quisesse ser galã, mas queria ter oportunidade no mercado de trabalho. Fui à TV Tupi falar com o Mauricio Sherman, ele fez uma cara simpática e não consegui nada. Eu batia nas portas e nada! Eu estava sem tipo, não era um talento exuberante, não era a Fernanda Montenegro, que sempre teve o talento acima do tipo. Fernanda sempre foi escalada pela capacidade de trabalho dela. Eu não era e nem sou hoje. Precisava de um tipo senão ninguém sabia o que fazer comigo.

Acho que foi mais ou menos nessa época que comecei a fazer psicanálise. Eu fiz análise de grupo durante oito anos, com Helio Ribeiro da Silva. Eu tive alta, ele se atreveu a fazer isso: *nesse processo você não tem mais o que fazer, o que esse processo tinha que te dar, já te deu.* Ter feito análise foi fundamental. Eu não guiava carro, por exemplo, e a terapia foi essencial para eu dirigir. Além disso, a coordenação do grupo feita pelo analista tinha muito a ver com a relação do diretor com elenco. Eu fazia todas essas correspondências e isso tudo me enriqueceu bastante, me fez ser menos impositivo e mais coordenador na direção. Isso foi um grande amadurecimento profissional, através da psicanálise conduzida pelo Helio Ribeiro da Silva. Mais tarde eu tive um momento difícil de vida doméstica, achei que devia voltar a fazer análise. Fiz dois meses com um analista, Lindenberg alguma coisa, não me lembro o sobrenome. A minha sensação que estava voltando para o ginásio. Uma vez ele botou alguma coisa na conta de Deus. O Helio Ribeiro nunca havia botado nada na conta de Deus, não sei nem se ele era religioso ou não. Um analista que coloca o problema para Deus, só pegando o boné. Vou ouvir isso na igreja não na ciência. *Vamos tratar o problema com o senhor doutor, não com o senhor Senhor.* Fui embora para não voltar mais.

Em 1971, logo depois de *Tudo no Jardim* eu dirigi *Casa de Bonecas* para minha mãe, ela novamente me dando oportunidade. Foi idéia do Rubens de Falco montar a peça. Minha mãe achou uma ótima idéia, e me deu a peça para eu dirigir. Eu já tinha dirigido cinema, já tinha tido minha primeira experiência como diretor de teatro e ela acreditou em mim. Ela é muito generosa nesse sentido, leva a gente junto. Não hesitei em aceitar o convite da minha mãe. Aliás, eu adorei porque eu não tinha nada para fazer, estava com dificuldade de subsistência, de emprego, de dinheiro. Eu me tranquei em casa, com Luisa pequena fazendo barulho, carrinho de bebê no meio. Eu traduzia de manhã à noite. Além do mais, estudei todas as peças do Ibsen, me impregnei e me dediquei inteiramente para fazer bem. E me saí muito bem, felizmente. Dizem que *Casa de Bonecas* é uma peça difícil. Difícil é peça ruim. Um texto todo amarradinho como esse do Ibsen, é só entender bem e fazer com paixão que dá certo. Até me excedi em algumas coisas, mas na época estava em moda: no final, o cenário desabava, havia um foco de luz nos dois atores, que faziam o último diálogo voltados para a platéia. Não precisava ter feito, mas aceitava-se. Na remontagem acabei com isso. O resultado final, porém, foi bom, eu quase ganhei o Molière, fui votado, mas não levei, fui falado como diretor, ganhei um respeito por parte da crítica que eu nunca tinha tido como ator, principalmente do Sr. Yan Michalski. Ele jamais me respeitara como ator, mas ganhei o respeito dele como diretor com *Casa de Bonecas*, porque havia uma coerência na encenação que ele identificava. Eu tinha 28 anos quando dirigi *Casa de Bonecas* e fui dirigindo cada vez com mais frequência, em vez de fazer os papéis que haviam diminuído. Para um careca abriu-se a possibilidade da direção e lá fui eu. Eu tinha os direitos de tradução, 10% da bilheteria, a peça foi bem, pela primeira vez eu respirei tranquilo.

Por pouco tempo, claro! Era muito chato ficar desempregado quando tinha contas a pagar, uma família para sustentar. Em 1972, quando nasceu o meu segundo filho, Carlinhos, eu estava mal, não tinha um tostão. *O Segredo do Velho Mudo* estreou na noite do nascimento do Carlinhos. Eu fui para o palco passar a luz com o eletricista, eu era ator e co-diretor com o Nelson Xavier, também autor da peça.

Norma me telefonou, *olha rompeu a bolsa, estou indo pro hospital*. E eu só pude dizer: *tá legal, boa sorte*. O que é que eu podia fazer? O eletricista ficou mais nervoso do que eu. Estreei, depois da sessão saí com minha mãe direto para a maternidade. A sorte é que o Carlinhos me esperou e só nasceu depois que eu cheguei. Luisa nasceu em dia de matinê, ainda bem que nasceu cedo e eu pude fazer espetáculo. Miguel foi mais calmo. João nasceu em dia de gravação, mas demorou tanto para nascer que gravei, fui para a maternidade, não nasceu, voltei pra gravação, acabei, voltei pra maternidade e ainda esperei para ele nascer. Foram 11 horas de trabalho de parto.

O Segredo do Velho Mudo tinha um elenco interessante: Aderbal Freire, chegando do Ceará, Marieta Severo começando na carreira, Camila Amado e eu. Aderbal era assistente de direção e entrou em uma semana no lugar de um ator que se desentendeu com Nélson Xavier. E fizemos boa amizade nessa época, pouco depois ele montou uma peça infantil, *Flicts* do Ziraldo e eu fiz coreografia. Acho que nem está no currículo. Eu sei lá porque fui inventar de fazer coreografia! *O Segredo do Velho Mudo* foi muito mal, a gente não tinha dinheiro para nada. Logo em seguida fiz *Check-Up*, do Paulo Pontes, que o Carlos Imperial produzia. Aliás, tem uma história engraçadíssima desta montagem. Carlos Imperial trouxe para fazer um teste uma mulher linda, que havia sido miss, e eu reprovei. Era Vera Fisher. Ela não estava preparada pra fazer, e era também mulherão demais para o personagem. Aliás, reprovei Maitê Proença anos depois para fazer uma substituição em uma peça que dirigia. Posso dizer que tive *feeling* para lançar novos atores – e você vai ver isso no decorrer da minha história -, para reconhecer o talento de outros e a capacidade de fazerem novos tipos, mas nestes dois casos, errei. Errei, sim. A sorte é que não houve ressentimentos e somos todos amigos. Sabe que o Ziembinski fez o mesmo com a minha mãe: *Esta mulher no teatro não dá*. Depois, eles trabalharam juntos, tudo bem. Mas ele deu um corte legal no teste da minha mãe.

Falando nele, nessa época reatei a minha amizade com Zimba, que me pediu pra ajudá-lo em sua biografia. Ele tinha que receber o titulo de cidadão carioca e queria apresentar um currículo. Eu me reunia com ele toda noite, até que um dia chegou um convite pra eu trabalhar na peça *O Peru*, do Zé Renato. Avisei: *Zimba não vou poder continuar o trabalho com você porque apareceu uma peça*. Ele disse: *Que pena, não pode, tem que trabalhar*. Ele detestou que eu largasse o trabalho com ele para... trabalhar.

Ah, preciso dar uma pequena explicação. Minha mãe – sempre ela – ficou preocupadíssima com o problema da minha careca e me levou para fazer uma peruca, que ficou absolutamente perfeita. E de peruca voltei a ser galã. Fiz *O Peru*, na inauguração do Teatro da Galeria, de peruca. Fiquei felicíssimo porque voltei a ter salário. Eu detestava ficar sem dinheiro e ter que pedir para a minha mãe, embora ela sempre quisesse me dar tudo. No final de 1972 minha mãe resolveu viajar com *Casa de Bonecas*, remontamos, a peça saiu em excursão e foi um êxito. Novamente eu podia pagar as minhas contas tranqüilamente e comprei até um automóvel.

A peruca foi um sucesso. Não que eu quisesse fazer o galã, repito. Galã é sempre bobão, o vilão é o papel melhor. Mas achava muito chato ter essa limitação. Limitação alguma é boa. Pedro Rovai me viu na peça de peruca e me convidou para fazer *Ainda Agarro Essa Vizinha*. Quem quiser conferir se a peruca é boa basta assistir ao filme, que vive passando. O filme se originou de uma peça, que, embora quisesse muito fazer o personagem, não fui escalado. Eu já estava ficando careca, o Vianinha não tinha me visto de peruca, e acho que queria um nome mais forte do que eu na época. O Gracindo Jr. Fez a peça e ele era - e acho que continua sendo - realmente um nome mais forte que o meu. Eu ganhei o papel no cinema. As produções do Rovai – e *Ainda Agarro Essa Vizinha* não fugiu à regra – eram grandes produções. Pornô? Nada! Eram *vaudevilles* mais ou menos bem filmados, mais ou menos bem representados, com elencos enormes, divertidos, com um pé na licenciosidade que agradavam ao público. A crítica, claro, torcia o nariz. É um pecado agradar ao público. Com comédia, então, é pecado mortal. Curiosamente, o único prêmio que eu ganhei como ator na minha carreira foi em *Ainda Agarro essa Vizinha* e tinha boas coisas no ano. Ganhei de peruca e botando a bunda na janela. Não falei que ia vender o meu corpinho? Era uma cena muito engraçada que eu dialogava com a minha bunda, como se fosse um homem careca.

O Rovai ficava irritadiço filmando. Hugo Bidet, que já morreu, e foi um ótimo amigo, fazia

meu companheiro nesse filme, e a gente para aliviar a tensão da equipe com a irascibilidade do Rovai, fazia um bolo de apostas. *Hoje ele vai gritar primeiro com o assistente* e todo mundo apostava, sem dinheiro, mas era uma aposta. Aí ele entrava para filmagem, gritava com o assistente, todo mundo caía na gargalhada. Foi o jeito que a gente inventou de desfazer o clima desagradável. Pedro depois soube disso e teve esportiva de se divertir com o que aprontamos.

Eu sou mal ou bem humorado em um *set*? Depende, sob pressão, inseguro, não há quem fique bem humorado.

Mas se você sabe o que quer fazer e está correndo bem, tudo certo. O mau humor é sempre é expressão da insegurança do diretor. Os gritos e a falta de modos são, invariavelmente, sintoma da insegurança do diretor.

Eu seguia os ensinamentos do Ziembinski. Ele me deu uma lição em *Descalços no Parque* que jamais esqueci: *você só tem um papel pra fazerrr, só tem aquele trabalho e não gosta de papel, descobre como gostarrrr e faz.* Naquele momento o grande Ziembinski estava dirigindo teatro digestivo. Que horror! E ele precisava do trabalho e fez com grande entusiasmo.

Acho que foi assim que entrei no elenco de *O Trágico Fim de Maria Goiabada*, de Fernando Mello. De peruca e galã. Eu fui contratado pela Ofélia Santiago, que é minha contadora, fazendo uma incursão na produção de teatro. O Fernando Torres dirigia, Darlene Gloria fazia Maria Goiabada, Osmar Prado fazia o meu amigo. Foi uma peça que entrou na minha vida no momento em que não estava fazendo nada. E na época eu não estava na televisão, o teatro ainda era muito forte, nós fazíamos nove sessões por semana e enchiam. Havia uma bilheteria que trazia de volta o investimento e dava lucro. As produções assalariavam atores, em nível de classe média, como se hoje ganhasse um ator ganhasse cinco mil reais por mês e isso não era coisa para se recusar.

Chegou um momento em que achei que era bom tentar a televisão. Quando apareci na Globo de peruca, o Daniel Filho me olhou e disse: *Ah, você voltou. Não tinha papel para você, agora de peruca tem.* E me chamou para fazer uma participação em *Shazan & Xerife*. Eu que só tinha feito duas coisas em televisão, um teleteatro em 1966 na Globo, *Casa de Orates*, com direção do Benedito Corsi, e a novela na Tupi, *Angústia de Amar*, e estava louco para entrar de vez. Afinal, as pessoas começavam a ganhar dinheiro com televisão e eu queria trabalhar bastante nela. Minha mãe insistiu que eu falasse com Dias Gomes, que estava escrevendo *O*

Espigão, ele foi meio evasivo comigo, mas acabei fazendo uma pequena participação na novela. De peruca, é claro. Nada grande, até um pouco frustrante. Se antes eu não fazia televisão por preconceito mesmo, por achar que era uma coisa menor, naquele momento estava até tomado por um certo despeito. Era 1973, todo mundo estava lá e eu não.

E foi nesse momento, em 1974, que aconteceu o divisor de águas da minha carreira: *A Gaivota*. Um momento de epifania. A direção do Jorge Lavelli era muito hábil, ensaiava-se no verão na Sala Cecília Meireles, era uma coisa insuportável de quente. Já tinha abandonado a peruca e por ser careca, tinha que fazer alguém mais velho do que eu, o papel que Stanislavski interpretou, o Trigórin. Era o *caso* da Tereza Rachel. Sergio Britto queria este personagem e eu queria fazer o papel do Strazzer. Queria ser o filho da grande atriz, porque achava que tinha vivência para isso. Lavelli disse não. Quando cheguei, eles já estavam marcando o final do primeiro ato, estavam ensaiando há mais tempo e fiquei muito ansioso, tinha um papel de grande responsabilidade, e não sabia se estava preparado para fazer. Tchecov era um autor que quando comecei a ler fui me apaixonando loucamente. Lavelli fez o espetáculo no Teatro Municipal de pano fechado, dentro do palco. Ele construiu arquibancadas de tubo um formato de U, com a base do U de costas pra platéia, para o pano de boca. Era um U que se abria para o fundo do palco, E usou tudo: os elevadores do palco, o fundo do teatro, onde colocou lagos com espelhos, uma floresta com tocos de eucalipto. A platéia do Teatro foi completamente abandonada e na arena cabiam 600 pessoas. Uma loucura absoluta. E maravilhosa!

A primeira coisa que eu fiz foi memorizar logo o papel. Para me impregnar da época, em vez de ler mais peças do mesmo período, li obras de Tchecov. Comecei a elucubrar sobre a cabeça de quem escreve aquilo, do observador arguto, com muita acuidade, com muita permeabilidade para observação e comecei a fazer um diário de uma viagem que tinha feito, como se fosse o personagem. Ficava andando pela passarela acima do palco do Teatro Municipal, escutando o ensaio lá embaixo e delirando. Aliás, tive vários pesadelos com essa situação, mesmo anos depois continuei tendo. Sonhava que estava andando por cima do urdimento, na passarela, sem estar vestido com o figurino, ouvia a minha deixa e não conseguia chegar a tempo no palco. Eu ainda fazia psicanálise na época e o psicanalista me falou um troço interessante, que no trabalho de criação do personagem eu estava levando minha personalidade para zero. Era um exercício mesmo de impregnação da época, bem intelectual, era um escritor, e eu, pela primeira vez, me preparei para me surpreender com tudo o que acontecesse em cena, o personagem não estava preparado, tinha uma surpresa a cada instante. O diretor percebeu isso, fez um elogio no ensaio, todo mundo ficou me gozando, mas foi um momento de divisor de águas. Que prazer que eu tinha de entrar em cena e me surpreender com os meus colegas e dizer aquele texto como se fosse a primeira vez, sempre! O que havia começado com Celi, Ziembinsky, Eugenio Kusnet, Nélson Xavier, meus mestres de ofício se concretizou com Tchecov, quando fui buscar lá atrás, bem lá atrás mesmo a fonte manancial do Teatro de Arte de Moscou, do Stanislavski e tudo se fechou legal na minha cabeça. Um ano depois, dirigi *A Noite dos Campeões* e ganhei um prêmio Molière em uma direção naturalista primorosa, e concluí uma concepção teatral, uma maneira de enxergar a arte de representar que serve para drama, tragédia, comédia, teatro, televisão e cinema. E com ela segui sempre.

Ainda em 1974, minha mãe estava sem saber o que e decidiu remontar *Tiro e Queda*. A primeira versão havia sido dirigida por Antônio de Cabo em 1962. Foi um grande triunfo dela e a primeira peça depois que acabara a Cia Tônia-Celi-Autran. Ela tinha feito *Castelo na Suécia* com direção do Celi e logo depois eles se separaram. Ela chamou Antonio de Cabo para vir da Espanha, foi a primeira direção dele aqui no Brasil. A peça chamava-se *L'Idiote* e eles puseram *Tiro e Queda*.

Acho que o título é dela, ela é craque de títulos. Agora era minha vez de mostrar a minha versão da comédia de Marcel Archard. A gente remontou a peça com muito pouco dinheiro, no Teatro Copacabana Palace. O Carlos Eduardo Dolabella, que fazia o galã pediu pra sair, lá entrei eu, de peruca de novo.

Em seguida montamos *Constantina*, também no Copacabana, quase com o mesmo elenco, uma produção mais arrojada e esse foi o grande triunfo. Eu traduzi e dei uma mexida na peça, misturei um pouco do segundo com o terceiro ato, fazendo uma estrutura parecida com *Casa de Bonecas*, com a mulher chegando à conclusão feminista no terceiro ato e não no segundo. Fizemos uma produção de luxo, com uma encenação da qual me orgulho demais, e que a crítica não deu a menor bola. O cenário de Arlindo Rodrigues era um praticável em forma de queijo, meio oval, com uma inclinação pronunciada. Os atores entravam do porão do Teatro Copacabana. Em cima do palco havia um teto de acrílico, com uma transparência em *art-deco*. Esse teto acendia em verde no primeiro ato, em rosa no segundo e espelhava em prateado no terceiro, já sem a transparência. Havia uma mobília para cada ato, assim como os figurinos. No primeiro ato, os figurinos eram em tons de verde; no segundo, em tons de rosa e azul e no terceiro em cinza, preto e branco. No fundo do palco havia uma grande figura do Gustave

Klimt, a Salomé. No final do espetáculo baixava uma ponte levadiça, toda iluminada, tocava um apito de navio, e Constantina ia embora. Não era nada naturalista, foi tratada como se fosse. E como disse, apesar de ser uma encenação da qual me orgulho muito, a critica não deu a menor bola. Com o publico, porém, foi uma maravilha. Foram 12 meses no Copacabana com 120 mil pagantes. 10 mil pagantes por mês. E depois fomos pra SP, no teatro Brigadeiro, inaugurando o teatro, foram oito meses e 120 mil pagantes também. Em SP o espetáculo foi mais respeitado. Aqui eu me lembro que a critica arrasou, era uma comedia, isso é imperdoável. Só dirigi *Constantina*, fiz uma eventual substituição, entrei no lugar de Felipe Wagner num dia que ele não pôde ir.

Aliás, fiz isso demais na minha carreira. É quase um capítulo à parte. *Ser Coringa* poderia ser o título. Nunca fiz força para isso, mas as falas de todos os personagens sempre entraram na minha cabeça. Em *Check-Up* eu fiz dois personagens, o do Roberto Pirillo e o do Edson França. Telefonavam e avisavam: *não posso ir hoje.* E eu rapidamente dizia: *pode deixar que eu faço*. Em *Casa de Bonecas* também fiz dois papéis. Napoleão Muniz Freire fez a peça na terça-feira foi para casa e morreu. Quarta-feira a gente suspendeu o espetáculo, a matinê de quinta também não teve. Quinta à noite eu fiz o personagem, com Rosita Tomaz Lopes, minha mãe e todos do elenco aos prantos. Não podiam ver o personagem, ouvir suas falas, sem se lembrarem dele. Estávamos em um luto danado, porque Napoleão era um amigo querido e fazia muito bem o papel. Fiquei fazendo a peça um mês, enquanto ensaiava o Fernando Torres que entrou. Depois o Carlos Kroeber, meu querido Carlão, quando *Casa de Bonecas* estava viajando, precisou se ausentar, porque seu pai estava mal em Belo Horizonte. Lá fui eu ser o grande vilão em apresentações em São Paulo. Muitos anos depois, em *Bodas de Papel* Jonas Mello estava inquieto, desagradável, ameaçando sair, enfim, uma convivência insuportável. Ele estava insatisfeito com o salário e ganhava muito bem. Todo mundo estava ganhando bem, porque tinha percentagem e a peça enchia. Mas ele achava um absurdo o Adriano Reys, um ator muito conhecido aqui no Rio, ao contrário dele, que só entrava no segundo ato, ganhar quase tanto quanto ele. Em um domingo, em que o teatro estava abarrotado o administrador, Cacá Teixeira, me telefonou de tarde e me contou que Jonas estava no teatro e havia avisado que estava sem condições de fazer o espetáculo e pedira para sair. Eu peguei meu terninho, botei no ombro, fui lá, Jonas me entregou uma carta dizendo que não tinha condições de saúde, psicológicas, de continuar fazendo o espetáculo. Na carta ele anexou o cheque da multa rescisória. Ele pediu para não fazer mais a peça, eu atendi ao pedido dele.

Pedi para ele sair, dei uma ensaiada no primeiro ato e entrei em cena. Fiz o segundo no peito e o elenco não sentiu a saída dele. Fiquei fazendo um mês até ensaiar o Francisco Milani no lugar dele. Um dia o Adriano Reis estava mal, teve uma úlcera perfurada, no duodeno, descobriu tardíssimo que estava com hemorragia interna. Também fiz o papel dele durante um mês.

Meu recorde foi em uma peça da minha mãe, *A Volta por Cima*, do Domingos de Oliveira, que Ginaldo de Souza e eu produzimos no Maison de France. Sebastião Vasconcelos que fazia o papel muito bem, se desentendeu, o Domingos entrou no lugar dele. O Paulo Porto, que não esperava que houvesse espetáculo, se mandou para o Espírito Santo. Domingos cortou o papel dele. Fui assistir à sessão de sábado, achei legal ver o esforço que o Domingos estava fazendo em manter o espetáculo em cena e disse: *amanhã eu faço. Atrasa um pouco a matinê que eu entro*. Eu tinha visto a peça no ensaio geral e na estréia, só. E decidi ir mais longe: *esquece a matinê, eu entro no segundo ato*. Quando acabou o primeiro ato, eu estava pronto para entrar no segundo. Minha mãe me viu somente em cena. Entrei e fiz. Na segunda sessão de domingo, eu fiz o primeiro e o segundo atos, esse foi o meu recorde. E ainda tirei risada.

Agora, faz pouco tempo, eu estava com 60 anos completos, me chamaram para fazer *O Dia que o Alfredo Virou a Mão.* Já estavam ensaiando há um tempão, mas o Oswaldo Loureiro, meu amigo, não estava conseguindo desempenhar bem o papel, porque sua mulher, Madalena estava doente. Em determinado momento a duas semanas da estréia ele desistiu. Em quinze dias eu decorei e fiz, sem problema. Vida de coringa... Mas vamos voltar aos anos 70...

Eu já havia tido a *revelação* em *A Gaivota*, havia descoberto realmente o caminho que queria seguir para sempre. E em 1975 tive a oportunidade de fazer a primeira novela na Globo, do começo ao fim, com um bom papel em *Escalada*, de Lauro César Muniz. Meu personagem, Paschoal Barreto, era o antagonista do Tarcísio Meira, que vivia Antônio Dias (lembra a cena que contei lá no início?). Nós dois éramos apaixonados pela mesma mulher, Marina, interpretada pela Renée de Vielmond. Marina se casava com Paschoal, mas acabava se separando para viver com Antônio. Eu, enquanto corno, sempre fui um corno elegante. E ficava de longe acompanhando a vida do casal. Comecei *Escalada* como galã, de peruca. Quando a novela entrou na segunda fase, 10 anos depois, o Régis Cardoso, que dirigia a novela sugeriu que eu tirasse a peruca e ficasse careca. E o mais curioso: o público começou a reclamar que a minha peruca simulando careca era muito ruim. Engraçado! Mas foi graças ao Regis e ao Lauro que eu passei a ser careca na televisão aos 32 anos.

O Daniel Filho acompanhava de perto essa novela. Era um momento em que a teledramaturgia, na sua expressão cênica, estava acabando de se sedimentar. A maneira de representar ainda tinha alguma coisa de impostada, que atribuíam como herança do teatro. O que discordo, podia ser herança de um mau teatro. Uma maneira de representar que privilegiava o mostrar o que o personagem está sentindo e não viver o que ele estaria vivendo ali simplesmente. Começou-se a procurar isso e me lembro do Daniel falando que tinha encontrado o que queria em Tarcisio Meira e Otávio Augusto, que faziam sem impostação. Eu prestei bastante atenção no que eles estavam fazendo e comecei a trilhar também por aí. Eu vinha de *A Gaivota* com cabeça fervilhando nesta direção também. Eu, Zanoni Ferrite e Otávio Augusto estávamos em *Escalada* e ensaiávamos também *A Noite dos Campeões*. Digamos que uma foi no trem da outra. Foi a sedimentação de um realismo naturalista bastante consistente da minha parte como diretor e ator.

A Noite dos Campeões é uma peça americana, de Jason Miller, que fala sobre corrupção eleitoral, em termos bem americanos, mas era ressonante com a nossa época no Brasil. No original chama-se *That Championship Season*. Eu resolvi rebatizar. Já havia *A Noite dos Generais*, *A Noite dos Desesperados* e coloquei *A Noite dos Campeões.*

Este título colou que foi uma beleza. Foi um espetáculo bem sucedido, graças a um extraordinário elenco: Ítalo Rossi, Sérgio Britto, Otávio Augusto, Zanoni Ferrite e Carlos Kroeber. Ítalo ganhou o Molière de melhor ator, e eu ganhei de melhor direção no ano. Claro que o prêmio foi importante! Eu era jovem, queria aparecer, estava rompendo com muita coisa, queria sair do perímetro de conforto e ver meu nome ser mais conhecido. O Molière era fantástico para tudo isso, porque era um prêmio prestigiado. Além do mais, a gente ganhava também uma passagem para a França. Larguei tudo aqui – *Constantina* e *A Noite dos Campeões* ficaram em cartaz simultaneamente – e fui com Norma para Paris.

Só um parêntese do capítulo Ser *Coringa*. Zanoni teve um acidente de carro no Natal, quando vinha de Angra dos Reis. Eu tive que entrar em *A Noite dos Campeões* de uma hora pra outra. Ele demorou a se recuperar e eu terminei a temporada no Rio de Janeiro e fiz Brasília. Em São Paulo ensaiei outro elenco como diretor, e não entrei no palco.

1975 foi realmente um ano especial: fiz a primeira novela com Lauro César Muniz (a primeira de dez); fiquei com duas peças em cartaz – *Constantina* e *A Noite dos Campeões*, gravei um especial na TV Globo, *A Ilha no Espaço*, de Osman Lins e escrevi um roteiro de cinema. Só faltaram um show de boate e um infantil!

Eu já havia feito algumas incursões como roteirista de cinema. Nos anos 60, fui colaborador no roteiro de *Os Fuzis*; em 1972, dividi com Armando Costa e João Bethencourt, o roteiro de *A Viúva Virgem;* em 1974, com Braz Chediak escrevi *O Roubo das Calcinhas*. E voltei à parceria com Armando Costa em *O Ibrahim de Subúrbio*, uma produção do Pedro Rovai, que foi filmada em 1976. Era uma idéia do Rovai, que Armando e eu demos formato, e eu dirigi. Mas de verdade escrever nunca foi a minha praia, foi das atividades nas artes em que menos investi. Nunca achei que tivesse alguma coisa importante para falar. Aliás, continuo achando. O autor precisa achar que é importante ele dizer aquilo E que as pessoas ouçam, senão não faz muito sentido. Uma certa carpintaria, com certeza, eu adquiri com o Armando Costa fazendo roteiro para cinema. Alguma coisa de estrutura dramática aprendi com o Zimba. Mas sou preguiçoso demais para escrever. Escrever exige uma disciplina na solidão que eu não tenho. Eu trabalho quando tem gente em volta de mim, quando existe a hora de juntar todo mundo e ir à luta. Se estou sozinho, acabo folgando.

O Ibrahim de Subúrbio era para ser um curta, um filme que teria três histórias: uma do Astolfo Araújo, uma minha e outra do Antônio Calmon. A do Calmon cresceu e virou um longa. A do Astolfo e o minha viraram médias metragens e as duas juntas fazem um filme.

O meu deu o título porque é um pouquinho maior e mais bem sucedido, eu acho. Meu encontro com Armando no cinema foi fantástico. Armando foi uma pessoa que me ensinou muito sobre arte, cultura, literatura e vida. Um grande amigo, o primeiro que perdi e foi bem difícil. Ele morreu cedo, jovem, aos 50 anos, de AVC, e talvez tenha sido a perda de amizade que eu mais senti.

Nessa mesma época, eu estava muito enturmado com o Mílton Moraes desde *Escalada.* E ele me convidou para dirigir uma peça *Fique para o Café*, de Ray Cooney. Nós ficamos loucos atrás de uma atriz até que achamos a Lucélia Santos. Ela só tinha feito *Godspell.* Aliás, foi o Milton que batalhou na Globo para ela fazer *Escrava Isaura*, que foi o começo da alavancada da carreira da Lucélia. Eu dirigi Lucélia antes dela ser famosa, era uma garota talentosa, com 19 aninhos, que foi muito bem recebida pela crítica. Apesar de ser uma comédia, a Lucélia impressionou. A peça ainda estava em cartaz, eu ia fazer *O Ibrahim de Subúrbio* e chamei a Lucélia. Eu tinha visto e gostado de uma montagem do grupo Asdrúbal Trouxe o Trombone, *O Inspetor Geral*, e chamei o Luiz Fernando Guimarães para fazer o galã. Lewgoy no papel principal, Eloisa Mafalda faz a mulher dele, Leina Krespi, a mãe do rapaz, Jorge Chaia, o pai – esse é o elenco principal. O filme tem ainda várias participações, meu compadre Ginaldo de Souza faz um caixa de banco, eu faço o porteiro do Globo, Regina Chaves faz um papel legal, minha amiga Margô Loro, viúva do Oscarito a essa altura, que tinha feito *Casa de Bonecas* com a gente, Ivone Gomes, que havia feito comigo uma participação no *Diabo Mora no Sangue.* Sempre fui bem enturmado com as pessoas, essa coisa que o povo chama de *panela*. Não é isso, é que todo mundo gosta de trabalhar com quem conhece e confia. Todo mundo tem a sua turma, pessoas com quem tem afinidade e gosta de trabalhar.

O Ibrahim de Subúrbio me rendeu uma viagem ao Rio Grande do Sul, fui ao Festival de Gramado. E só. Eu tinha participação na bilheteria, o filme foi mais ou menos, mas, por uma mágica, não vi um tostão. No Festival tive uma grande satisfação: ver Lewgoy ganhar o prêmio de melhor ator. Ele estava cotado, mas no mesmo ano havia *Dona Flor e Seus Dois Maridos*, com Mauro Mendonça em um trabalho extraordinário. O Lewgoy estava no palco e empalideceu, quase desmaiou, foi bonito ver a emoção dele. Alguns anos depois, já perto de morrer, ele numa festinha disse pra quem quisesse ouvir que *Ibrahim* era o filme que ele mais tinha gostado de fazer. Foi muito legal ouvir isso de um ator tão bom e que fez tanta coisa, dentre elas, *Fitzcarraldo*. Quando ele morreu, Arthur Xexéo falou com carinho da participação de Lewgoy no filme. Era uma comédia, mas com um pouquinho de substância. Era uma história leve.

Não sei se a crítica gostou, não me lembro. Mas teve o prêmio e isso já é suficiente.

Na televisão, eu voltava em *Duas Vidas* – uma participação especial nos doze primeiros capítulos. Mais uma vez eu me reencontrava com Daniel Filho. Nós estivemos bem próximos nesta época. Daniel é um amigo que vai e volta na minha vida. Em 62, por exemplo, fui escalado pra fazer um filme chamado *Marafa*, com direção de Adolfo Celi, roteiro de Millôr Fernandes. Filmamos duas semanas ou três e a produção foi desmanchada. No filme, eu era o irmão caçula do Daniel Filho e estivemos bem próximos. Nós nos reencontramos na televisão e tivemos épocas bem amigos, hoje quase não nos vemos. Ele é uma pessoa controversa, mas nenhuma das maldades que a Globo fez comigo eu posso atribuir a ele. No período que ele foi diretor da Central Globo de Produção tive um bom período na Globo.

Mas... Falávamos de *Duas Vidas*. Aconteceu um episódio fantástico na época. Eu morava no Humaitá e estava andando pelo bairro, quando passou um carro enorme, um Galaxy. Uma mulher se projetou para fora na janela e gritou, *você está ótimo na novela*, me jogou uns beijos, eu agradeci, mas pensei: *que mulher maluca, parecida com a Célia Helena*. Era a Janete. O Daniel me falou, *a Janete disse que te cumprimentou outro dia na rua e você não reconhe-*

ceu. Ela foi tão gentil comigo, estava adorando, e me elogiou aos berros na rua.

Neste mesmo ano, 1976, minha mãe cismou de fazer *Doce Pássaro da Juventude*, seguindo a sugestão do Jorge Segóvia, um argentino muito craque, cenógrafo e figurinista de *A Gaivota*. Eu fiz a tradução, Jorge os cenários e figurinos e minha mãe queria que Flávio Rangel dirigisse. Flávio, com sua voz peculiar, respondeu: *não faz essa peça, vamos fazer outra*. Mas ela insistiu. Aí o Carlão Kroeber, que sempre foi um companheirão nosso, aceitou fazer a direção. Aliás, Carlão era um grande amigo, foi uma grande perda na minha vida, eu estava no interior do Rio Grande do Sul fazendo teatro quando ele morreu, não pude nem me despedir. Bem, Carlão fazia também um papel e ficou meio pesado. Eu fui ajudar, atuar como diretor adjunto. Minha vida virou uma loucura! Eu gravava um especial com Fábio Sabag chamado *Sapiquá de Lazarento*, em Bananal Paulista. Eu pegava meu carrinho às 6 horas da manhã, saía do Humaitá, pegava a via Dutra, ia pra lá, gravava o dia inteiro, voltava com meu carrinho, ia para o teatro Bloch, ensaiava até meia-noite. No dia seguinte estava de pé de novo, às 6 horas. Isso durante uma semana, uma semana muito dura. Eu me lembro de estar voltando uma noite, com um sono danado sem saber o que fazer. *Não posso dormir no volante* – pensava. Vim cantando em altos brados, o tempo todo para não dormir e funcionou. A peça? Ela queria fazer, para mim estava tudo bem. Não morria de amores pela peça, e depois que ficou pronta, achei chocha. Nuno Leal Maia fazia o galã, estava começando carreira, chegando de SP, foi primeiro trabalho dele no Rio. Era uma grande produção lá no Teatro Bloch que não deu certo.

O que fazer? Remonta *Constantina* para viajar. Neste ano de 1977 comecei a fazer algo que deu muito certo. Começar tudo de novo quando a peça saía do Rio e ia para São Paulo. Aproveitávamos os cenários e figurinos, mas começávamos tudo do zero com novo elenco. Fiz preparação de elenco lá com a Julia Otero, como tinha feito aqui com o Klaus Viana. Muito laboratório, exercícios, corpo, coisas que a minha mãe adorava. Ensaiamos tudo de novo, dois meses, e quando estreou deu certo. No elenco estavam Karin Rodrigues, Paulo Goulart, Linneu Dias, Márcia Real, Rita Cléos, Luis Carlos Parreiras, Regina Braga e, evidentemente, Tônia Carrero. Em vez de ser o 13º mês em cartaz era uma estréia, com frescor, com novas pessoas trazendo outras formas de fazer. Os meus grandes sucessos como diretor fiz bem aqui, fiz bem lá. Como já contei, *Constantina* foi um enorme sucesso em São Paulo e ganhei bastante dinheiro com esta temporada. Mais uma vez, minha mãe tendo uma grande importância na minha vida.

Muita gente quer saber se eu conseguia com a atividade intensa que mantinha levar uma vida normal com meus filhos. Não sei muito bem o que é ser normal, a normalidade é sempre questionável, mas desde o meu casamento com Norma até 1984 quando nos separamos, vivemos uma vida familiar, primeiro com dois filhos, Luisa e Carlos, tempos depois chegou o Miguel - ele tinha um ano e oito meses quando nos separamos. Foram anos em que eu vivi com os filhos, saindo para o trabalho, voltando, tomando conta, já um pouquinho depois fazendo o fim de semana fora, que o status já permitia. Enfim, uma vida familiar. Trabalhei muito, tanto que dava para sustentar todo mundo. E dava pra ter uma vida razoável principalmente graças aos grandes espaços que minha mãe abriu pra mim. Eu ganhava um bom dinheiro mesmo quando a gente trabalhava junto. Depois teve algumas ocasiões que eu ganhei um bom dinheiro sem trabalhar junto com ela. Teve ocasiões que eu pude proporcionar a ela boas oportunidades também, mas se não fosse ela bancando o começo minha carreira não seria o que foi – vou repetir mais uma vez.

Estamos em 1977. Fui convidado por Clóvis Levi para fazer o principal papel masculino em uma peça sua – *Se Chovesse Vocês Estragavam Todos*. Era uma peça experimental, que falava metaforicamente sobre opressão durante a época da ditadura. Era tão metafórica que passou pela censura. Eu gostava de fazer, embora tenha sido mal tratado pela crítica. Não deu pra fazer o tempo todo porque fui produzir com um grupo outro espetáculo. O Tião D'Ávila me substituiu e foi muito bem tratado pela crítica, achavam que ele fazia bem melhor do que eu.

WM na Boca do Túnel, de Carlos Eduardo Novaes marcou a minha primeira produção com Flávio Bruno. O Carlos Eduardo me apresentou a ele e decidimos fazer juntos. Maria Carmem que já era muito minha amiga fez os cenários e figurinos, Carlos Kroeber, Ivan Cândido, Suzana Faini e Nélson Xavier (olha a turminha de novo!) no elenco. Eu deixava o Novaes freqüentar os ensaios, ele dava palpites e foi lamentável. Eu nunca mais deixei autor freqüentar ensaio. Ou um dirige ou o outro. O autor tem que ir pra casa e rezar para o diretor não fazer besteira. Cada um tem o seu momento de atuação. É que nem ator quando resolve dar palpite em novela. Quando você concebe uma obra, você imagina uma coisa, alguém lê e imagina outra coisa, quando o ator solta a voz dele é diferente do que você imaginou. A arte cênica é coletiva, então cada etapa é definida por algum dos integrantes. *WM Na Boca do Túnel* não foi bem, mas foi ótimo o *casamento* com o Flavio Bruno, que deu muitos frutos anos depois.

Logo depois de *A Noite dos Campeões*, Sérgio Britto estava empolgado para montar *Os Filhos de Kennedy*. Eu tinha visto a peça em Paris. Havia 20 pessoas na platéia e eu dormi. Quando ele me convidou disse que não tinha a menor vontade de fazer. Sérgio tinha um imenso entusiasmo pela peça, decidiu dirigi-la e estava certo. Foi um enorme sucesso. Eu, decididamente, não havia enxergado a peça. O mesmo aconteceu com *O Interrogatório*, do Peter Weiss. Quando li, achei insuportável. Celso Nunes dirigiu a montagem com Fernanda Montenegro que foi um imenso sucesso. Logo depois de *Os Filhos de Kennedy* voltei a trabalhar com Sérgio. Fizemos juntos *Huis Clos – Entre Quatro Paredes,* do Sartre, em uma tradução do Luiz Sérgio Person com Vanda Lacerda, Otávio Augusto, Suzana Vieira, Vanda Lacerda e Milton Luis. Não funcionou bem o nosso *Huis Clos*. Tenho a minha parcela de culpa, pois não consegui me comunicar bem com Vanda e Suzana – com quem tinha trabalhado bastante bem em *Constantina*. Isso acontece pelo menos 10% das vezes em que dirigimos. São colegas de grande valor, mas que na ocasião a comunicação não acontece. Como técnico de futebol, assumo que a culpa é minha. O espetáculo não foi mal. Nós éramos importantes e todo mundo ia ver o que fazíamos.

Bodas de Papel, que é um grande marco na minha carreira, nasceu nos bastidores da montagem paulista de *Constantina*. Regina Braga era amiga do Sábato Magaldi e me trouxe uma peça para eu ler de uma autora nova que ele achava legal, uma tal de Maria Adelaide Amaral. A peça: *Bodas de Papel*. Eu li, adorei, *vamos fazer*. *Bodas de Papel* foi uma revelação. O texto funcionava maravilhosamente bem, o cenário de Flavio Phebo era ótimo, Regina Braga fazia o papel muito bem. Jonas Mello também, enfim era um elenco ótimo: Jandira Martini, Ileana Kwasinsky, Luiz Carlos de Moraes, Luiz Carlos Parreiras. Eu me lembro da Maria Adelaide na noite da estréia num cantinho lá do Aliança Francesa, sozinha, concentrada, vivendo uma emoção grande ao ver a sua primeira peça montada. Naquela noite, Odvalas Petti e Flávio Rangel se aproximaram de mim e disseram: *a peça é boa, mas precisa cortar um pouco*. Eles fizeram pouco de uma direção que era ótima. Eu andava meio cansado de ser diretor, estava pensando em me dedicar mais a ser ator, mas graças a esses dois e seus comentários depreciativos, tomei uma decisão: *vão ter que me aturar, vou continuar dirigindo*. Eu sabia que aquilo era bom, e tanto era que Maria Adelaide ganhou todos os prêmios de 1978, inclusive Molière e Mambembe. *Bodas de Papel* me rendeu o prazer de ter feito uma direção da qual me orgulhei muito, era redonda, acabada, dentro de uma proposta de estilo.

Minha decisão de me dedicar muito ao teatro me levou para uma nova experiência na televisão. Eu, na época, fazia muito teatro, como ator, produtor, tradutor e diretor.

Teatro nessa época estava conhecendo um momento brilhante, era um baluarte importante de resistência contra a ditadura, a gente ainda estava entrincheirado no palco falando de liberdade, com muita paixão e com muita repercussão de público. Em 1977 eu havia feito uma participação no programa humorístico *Planeta dos Homens* com a Berta Loran. Ela fazia uma secretária e eu fazia o chefe que queria corrigir o português dela e errava sempre. Eu gostei de fazer e gostava do jeito que fiz. Em 1978 me convidaram para participar do programa, que era gravado apenas às segundas-feiras, que é a folga no teatro. Pensei: *É por aí que vou*. Podia fazer o teatro que quisesse, onde quisesse, conciliando com a televisão, o que garantia algo mais confortável no fim do mês. Fiquei quatro anos no programa e foi uma experiência absolutamente fantástica.

Eu sempre adorei humor. Eu acho que pode haver inteligência sem riso, mas riso sem inteligência não acho possível. O riso é uma manifestação flagrante da inteligência humana. Não respeitar comédia é tolo, uma atitude equivocada. No *Planeta dos Homens* eu tive a oportunidade de ver grandes mestres representando. Eu ficava lá assistindo para ver como eles faziam: Jô Soares, Agildo Ribeiro, Milton Carneiro, Luís Delfino, Berta Loran, Paulo Silvino, Martim Francisco. Tinha muito craque. E eu tinha novas influências para seguir, que adorei.

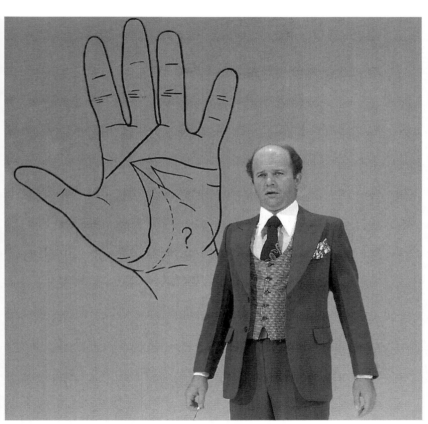

Em cena do Planeta dos Homens

No camarim, ficava batendo papo com Max Nunes, Hilton Marques, que eram redatores do programa, pessoas inteligentes que acenderam mais ainda o canal do humor na minha cabeça. Quando você trabalha com humor, pega o ritmo, inventa piada, fica engraçado, brilhante. Eu fiquei engraçado em casa e contagiei meus filhos. Luisa é ótima comediante. E o que aprendi nesses anos de humor, levei para o teatro. Sou hoje um dos poucos caras que tem coragem de dar aulas de comédia para ator. Pegar uma peça, uma comédia, e fazê-la funcionar. Procuro ensinar alguma coisa nesse sentido.

Fiz dois trabalhos ainda em 1978: o filme *Muito Prazer* do David Neves e dirigi a peça *Arte-final*, do Carlos Queiróz Telles. Em 1975 eu havia encontrado o David Neves em Paris, quando viajei com Norma, e ele me deu algumas dicas sobre Veneza: recomendou que comêssemos *malfatti a la panna*, uma massa mal cortada com molho de creme e que fôssemos ao Harry´s Bar. Nós fomos, demos uma olhada, era tudo caríssimo e fomos embora. Depois eu soube que ele olhou para mim nesse dia e pensou: *esse cara serve pra fazer o papel do meu filme*. Três anos depois, ele realmente me chamou e fui fazer o filme, que era a história de três arquitetos de Ipanema. Eu fazia um papel importante em *Muito Prazer*, coisa que só tinha acontecido em *Ainda Agarro Essa Vizinha*. Era um dos arquitetos, ao lado do Otávio Augusto e do Antônio Pedro. No filme também voltei a trabalhar com Ítala Nandi, com quem havia sido brevemente casado, durante a temporada do Teatro Oficina. A gente morou junto uns meses, foi meu primeiro casamento não oficial, saí de casa pra morar com ela e voltei para casa. Não foi um filme mal sucedido e eu não achava ruim o meu trabalho. Era um filme interessante. *Muito Prazer* era como um hiato. Tinha havido o ciclo do Cinema Novo, com filmes importantíssimos, prêmios, indicações no exterior, mas aqui o público não ia ver. E havia a outra vertente: a do cinema popular, popularesco mesmo, que enchia, mas não tinha pretensões de refletir o país nada, era só para divertir mesmo. E *Muito Prazer* era um filme que ficava entre as duas águas, nem era um filme difícil, autoral, nem era popular, era um filme com uma historia accessível que você podia acompanhar, mas não tinha nada de bombástico. Era um filme de Ipanema, classe média alta.

Arte-final foi uma peça que o Gracindo Jr. produziu e fez com a Pepita Rodrigues no teatro Gloria e eu dirigi. Colmar Diniz voltou a fazer cenário, tinha feito *A Noite dos Campeões* magnificamente, trabalhamos bem juntos, ficamos bons amigos. O Colmar dessa vez ganhou o Molière com esse cenário. Foi a primeira vez que trabalhei com o Gracindo, e ficamos amigos, e com Pepita, nos demos bastante bem, mas nos perdemos. A peça não é brilhante, e é da geração da gaveta, que começou a surgir quando as gavetas começaram a ser abertas. O personagem do Gracindo lá pelas tantas dizia – *a minha carta de demissão me compromete até os colarinhos*. Depois ele lia a carta, que era uma coisa boba. Liguei para o Carlos Queiroz e disse: olha a gente está falando um pouco mais do que isso, você fala que a carta é bombástica, mas ela é absolutamente comum. Ele me agradeceu e mandou outra, falando do apoio da publicidade, de setores de anunciantes, à tortura e repressão. Isso exemplifica bem o espírito da época: a gente ainda tinha medo, embora já pudesse falar mais um pouco. Era 1978 e a censura já arrefecera um pouco.

No final de 1978 fui convidado pelo Walter Avancini para dar uma oficina para os atores da novela *Pai Herói*, que estreou em janeiro de 1979. Fiz um mês de leituras e preparação do elenco da novela. Aconteceu uma coisa engraçado durante esse trabalho pré-gravação. Eu lutei muito para convencer o Paulo Autran a fazer. O Paulo dizia que não gostava de fazer novelas, não se sentia bem. Eu tenho cá a minha visão disso, e gostaria que essas minhas observações fossem acompanhadas pelo grande carinho e admiração que sempre tive pelo Paulo. Não quero parecer simplesmente maledicente. Na verdade, o Paulo se habituou a ter tudo girando em torno dele, na televisão não dá pra ser assim e por isso ele não se adaptou. Ele vinha habituado a ter sua própria companhia de teatro, cresceu assim, com todos em volta paparicando e arranjando tudo em função dos desejos dele. No dia-a-dia de uma novela todo mundo é bem tratado. É uma equipe, todo mundo depende de todo mundo. Mas tratar bem é uma coisa, girar em torno é outra. Não acho que seja geracional, porque Sérgio Britto, Walmor Chagas, Leonardo Villar nunca tiveram esse problema. Para minha mãe também foi difícil, porque ela e Paulo tiveram estrelato muito parecido.

Quando a novela começou a ser gravada, era para eu continuar. Eu fui a uma gravação de externa, o Gonzaga Blota estava dirigindo. Um dos negócios do vilão Baldaracci, interpretado pelo Paulo Autran era o monopólio das velas. Todo mundo que ia no santuário rezar, comprava velas com ele. Fizeram a cena: os romeiros desciam do caminhão com velas na mão. Falei com o Blota: *eles não tem que comprar a vela do cara?* Ele amarrou uma cara, ficou uma arara, eu calei o bico. Ele se sentiu mal comigo ali *urubuzando*. O Avancini tinha me perguntado: *você não quer assumir a novela?* E eu não queria porque não sabia, não tinha formação para isso, havia dirigido cinema, mas não tinha aquela agilidade de novela. Além do mais havia o Blota e eu não queria o emprego dele. Mas ficou uma coisa tão constrangedora entre nós – eu dizia uma coisa para o ator, o Blota desdizia - que eu me demiti. Eu saí fora logo no começo. Blota é um cara honesto, boa gente, grande praça, mas se sentiu ameaçado. Aliás, na Globo todo mundo se sentia ameaçado e eu que não estava ameaçando ninguém peguei meu boné e fui embora. Mas do meu trabalho com o elenco tenho boas recordações e me abriu caminhos para anos mais tarde fazer a Casa de Interpretação – mas a gente chega lá nos anos 80. Por que apressar o curso dos acontecimentos?

Longe da televisão, pude me dedicar mais ainda ao teatro. Em 1979, o clima era de abertura. A Lei da Anistia era votada e os exilados começaram a voltar ao País. As gavetas foram realmente abertas e surgiu uma enxurrada de peças. Eu tinha nas mãos uma das peças fundamentais deste período: *A Resistência*, de Maria Adelaide Amaral, que me cedera os direitos para a montagem no Rio na época de *Bodas de Papel*. Eu entrei na concorrência do Teatro Gláucio Gil para montar a peça no segundo semestre de 1979. Ginaldo de Souza havia pedido para o primeiro semestre para a peça que queria produzir – *O Fado e Sina de Mateus e Catirina*. Nós já havíamos produzido juntos, éramos amigos, saíamos para tomar chope e decidimos que seria bacana se nos uníssemos. Ginaldo de Souza, Flávio Bruno e eu montamos uma companhia para produzir os dois espetáculos. Cacá Teixeira administrava; Maria Carmem fazia cenários e figurinos; Norma divulgava. Foi um período muito fecundo, produtivo.

Nosso primeiro trabalho foi *O Fado e a Sina de Matheus e Catirina*, um espetáculo lindo, que contava a saga da migração dos nordestinos, toda em versos, musicados pela Bia Bedran. Zé Renato e Juca Filho faziam os vocais. Tetê Medina e Tânia Alves também cantavam algumas coisas. O visual era bem interessante, Maria Carmem foi de uma felicidade imensa nos cenários. E a encenação foi a mais criativa que fiz. Fizemos muitos jogos, improvisações como exercício. Um deles era brincar com uma bengala, um pedaço de pau que cortei na fazenda do Carlos Leão quando tinha 13 anos de idade e não sei por que foi ficando em casa e está no meu sitio até hoje. Levei essa bengala para fazer uma improvisação: *faz de conta que isso aqui é o quê?* A bengala virou uma espingarda, um taco de sinuca, enfim, mais de 60 coisas. Outro objeto coringa foi um grande pano, que mandei parar quando já tinha virado 140 coisas diferentes. Fizemos como exercício que resultaram no espetáculo. No palco um pano enorme no começo simbolizava um rio. Logo depois, os dois filhos levantavam este pano para honrar a mãe, jogado para cima, o pano ficava como uma catedral emoldurando uma madona. Depois, esta mãe dividia sua terra entre os filhos e rasgava o pano, dando a cada um a metade dele. Aí um dizia o que ia fazer com a terra enquanto dobrava a sua metade do pano e saía levando a sua trouxinha pra lá. Um era zona da mata o outro era o agreste.

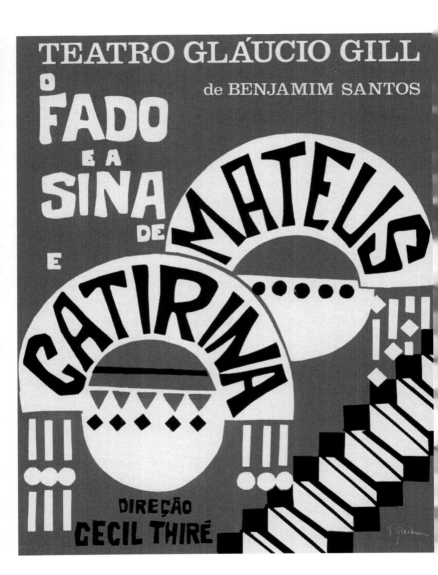

Eles voltavam em cena e desdobravam os panos um mostrando que não tinha nada e o outro, no mesmo jeito, mostrando *olha isso, olha aquilo*. Uma porção de coisa, com o mesmo gesto, ficava bonito isso. A gente adorava fazer o espetáculo, que era bom e até ganhou prêmio. Mas não ia ninguém, quando o teatro estava cheio tinha 30 pessoas. Consegui até chamada na Globo, fiz a chamada pessoalmente, aí aumentou: de 20 pra 40 pessoas.

E mais uma vez uma inserção aqui no capítulo do coringa. Em *O Fado e a Sina* eram cinco atores: Tetê Medina, Tânia Alves, Tonico Pereira, Eduardo Tornaghi e Ginaldo de Souza, que se revezavam em todos os papéis, cada um fazia seis, sete personagens. Um dia, a Tetê Medina, de tanto poupar a voz, falar em tom baixo, enrouqueceu, perdeu a voz. Era uma boa amiga, mas não tinha juízo, não. Eu tive que entrar no lugar dela: o que ela cantava, a Bia Bedran foi cantar, porque isso não era possível, onde era mãe virou pai, e eu entrei, Veja só, a coringagem era tão grande que eu entrei no lugar da Tetê enquanto ela recuperava a voz. O Tonico Pereira foi chamado para fazer *Papa Highirte* e não podia perder o papel. Lá fui eu fazer o papel do Tonico, enquanto ensaiávamos um ator de Pernambuco para entrar no lugar dele. O Gondim entrou, mas eu fiquei com umas partes do Tonico. Era um elenco de borracha. Uma vez a Tânia Alves tinha um filme pra fazer e passou uma conversa na Elba Ramalho, elas as tinham feito juntas *Viva o Cordão Encarnado*. A Elba foi ensaiando muitas vezes em cena: você via duas no palco, Tânia e Elba, com roupas iguais, uma loucura. O Flavio Bruno que era um dos produtores começou a entrar em cena e fazer umas partes de figuração. Aí a gente levou os filhos para uma cena de uma fila de retirantes. A platéia diminuía e o elenco crescia. O que começou com cinco atores e três músicos, chegou a ter doze pessoas em cena. A platéia, porém, começou com 20 e quase nunca passou disso.

Acima, Cecil com a cenógrafa Maria Carmem e Bia Bedran, de O Fado e a Sina...

À esquerda, o elenco de O Fado e a Sina...: Tetê Medina, Ginaldo de Souza, Tonico Pereira, Tânia Alves, Eduardo Tornaghi e, ao fundo, Cecil e Zé Renato.

O dinheiro logo acabou, é claro! Eu tinha em cartaz uma tradução, que se chamou *Teu Nome é Mulher*, com Tônia Carrero no auge de *Água Viva*. O espetáculo bombava e ganhei bastante bem. Na hora de montar *A Resistência* o pessoal todo estava desprevenido e eu fiquei com o quinhão maior na produção e ainda emprestei dinheiro para os colegas. *A Resistência* estourou, arrebentou a boca do balão, eu me lembro da bilheteira pegando um cartaz todo empoeirado – lotação esgotada. Há anos não se usava o cartaz no Teatro Gláucio Gil. A peça foi magnificamente bem e deu dinheiro para todo mundo, foi uma beleza.

A peça é muito forte e fala de um assunto que era tabu e não havia sido discutido até então: a demissão em massa em uma redação. Estreamos em beneficio do Sindicato dos Jornalistas. A Norma fazia a divulgação, e fazia bem. Mas na estréia, O Globo e JB, os principais jornais do Rio se recusaram a fazer matérias e nem nos colocaram nos roteiros; Última Hora fez uma matéria pequenininha. A imprensa discriminou porque eram demissões na redação. Com certeza isso não partiu dos próprios jornalistas, mas dos empresários que não queriam dar divulgação a um espetáculo que discutia exatamente este assunto. No final do espetáculo, eu interrompia o aplauso e contava isso, sem dar nomes: *um grande órgão de imprensa não deu matéria de estréia, um outro grande ór-*

À época da montagem de O Fado e a Sina...

gão também não deu, um órgão de tamanho médio deu uma matéria pequena, mas nós não estamos no roteiro nem de um nem de outro, então nós pedimos a vocês, por favor, que falem da nossa peça. Isso era quase o terceiro ato da peça, parecia que era um desdobramento dela porque falava da rolha no país. Em poucas semanas a imprensa nanica aderiu completamente ao espetáculo: jornais de faculdade, de segundo grau, de clubes, de agremiações, enfim, toda a imprensa alternativa veio fazer entrevistas com a gente. Eles divulgaram a peça loucamente.

Foi um movimento forte que ao final da terceira semana em cartaz, eu fazia a interrupção e agradecia pelo que eles fizeram. O teatro encheu e nunca mais esvaziou.

Todo mundo se perguntava – e ainda se pergunta - o que enchia um teatro? A imprensa, o boca a boca, o elenco... Ninguém sabia mesmo ao certo. Às vezes era uma coisa, às vezes era outra. *Lição da Anatomia* todo mundo ia ver porque o elenco aparecia pelado, não tenho a menor dúvida. Naquela época todo mundo pelado? Nu em pelo?

Todo mundo foi ver isso. Fernanda Montenegro fazendo uma peça? Todo mundo ia ver. Tônia Carrero? O público ia conferir. *A Resistência* não tinha nenhuma grande estrela no elenco, mas era um momento político importante, e ela se tornou emblemática, foi um marco. O meu amigo Alcione Araujo me disse um dia: *vocês fizeram uma peça normal, que foi bem*. Eu não acho que era normal não. Para mim foi muito importante participar de *A Resistência*: aquilo tudo que pensava nos anos 60, no CPC, de certa forma se concretizava quase 20 anos depois e eu tinha maturidade suficiente para poder apreciar. Posso dizer que os anos 70 foram encerrados com chave de ouro. Fiz amizades novas e consolidei outras em *A Resistência*: comecei uma amizade com Edwin Luisi, que perdura até hoje; me aproximei bastante de Osmar Prado, que também permanece na minha vida; Stela Freitas, que se casou com Luiz Raul Machado e teve uma filha Ana, da qual sou padrinho e Maria Adelaide Amaral, uma amiga fundamental na minha trajetória. Ganhei meu segundo prêmio Molière pelo conjunto de trabalhos em 1979 – *O Fado e a Sina de Mateus e Catirina* e *A Resistência* concorrendo com *Papa Highirte* e *Rasga Coração*, ou seja, o prêmio não estava dando sopa. Maria Carmem ganhou pelos cenários. Edwin Luisi, de ator no Rio e em São Paulo. Foi a consagração definitiva de *A Resistência*.

Não, definitivamente, não era uma peça normal.

PRÊMIO MOLIERE DE TEATRO 1979

RIO DE JANEIRO

melhor ator
RAUL CORTEZ
com a peça
RASGA CORAÇÃO

melhor diretor
CECIL THIRÉ
com as peças
A RESISTÊNCIA
O FADO E A SINA
DE MATHEUS E CATARINA

prêmio especial
ÁLVARO APOCALYPSE
com
A DIREÇÃO DA PEÇA "COBRA NORATO"

RIO DE JANEIRO

PRÊMIO
MOLIERE
DE TEATRO
1979

melhor atriz
RENATA SORRAH
com a peça
AFINAL, UMA MULHER DE NEGÓCIOS

melhor autor
de peça nacional
ODUVALDO VIANNA FILHO
com as peças
PAPA HIGHIRTE
E RASGA CORAÇÃO

prêmio de incentivo
ao teatro infantil
CAIQUE BOTKAY
com
O CONJUNTO DE TRABALHOS
DEDICADOS AO TEATRO INFANTIL
NOS ÚLTIMOS ANOS

melhor cenógrafo
e figurinista
MARIA CARMEN
com a peça
O FADO E A SINA
DE MATHEUS E CATARINA

Capítulo V

Os Anos 80

Hora de Novos Desafios

Entrei nos anos 80 embalado pelo sucesso de *A Resistência* e por ter sido um diretor bastante prestigiado por vários anos. Eu definitivamente estava na moda. E isso é absolutamente normal, porque com trinta e poucos anos cada diretor consolida seu estilo. Uma vez consolidado ele entra na moda até os 30 e muitos. Depois o seu estilo fica velho e passa. Com raras exceções, como Antunes Filho, que vive mudando que nem um louco, mesmo que gradativamente, e por quem tenho o maior respeito e José Celso Martinez Corrêa, que sumiu uma época e voltou mais tarde. O resto vai sendo ultrapassado pelos novos diretores. Gerald Thomas, por exemplo, apareceu com 30 e poucos anos, também já cansou, todo mundo já viu. Depois de mim, por exemplo, vieram Moacyr Góes, Ulisses Cruz, Márcio Vianna. Essa geração foi levada para a televisão e para o cinema, com exceção do Márcio, que morreu jovem. Hoje é a época do Felipe Hirsch, de Curitiba. Na verdade, mais do que uma demanda dos atores e do público é uma necessidade da crítica. A crítica tem uma tutela, é uma coisa braba. O Zé Renato ficou dirigindo, sendo desrespeitado e fazendo bons trabalhos anos e anos, na verdade até hoje. Outros ainda também permaneceram, como Aderbal Freire-

Filho, Domingos de Oliveira, mas foram poucos. Logo depois da minha geração estar na moda, há uma época que não saúdo não, porque foi o adeus à narrativa. O teatro entrou na ilustração cênica. Ficou muito mais importante a iluminação, o efeito de fumaça, as folhas que caem do que a história. Aí o ator perdeu a sua vez, porque o ator é o veiculo da narrativa. O trabalho do ator é levar essencialmente a narrativa, a história ao público. Quando a história é posta em segundo plano, o ator desaparece. Eu vi um espetáculo do Gabriel Vilella, *Guerra Santa*, que aos 15 minutos queria dormir, já não sabia o que fazer, era uma coisa inacompanhável. A narrativa era relegada ao terceiro plano. Nesse período não surgiu um grande ator de teatro.

Depois dessa digressão, que acho importante – eu avisei que não sou adepto do *bom mocismo* – posso voltar a falar da minha carreira. Em 1980 fiz a minha primeira viagem aos Estados Unidos. Saí do elenco de *A Resistência*, Roberto Frota entrou no meu lugar e fui com Norma e Maria Lúcia Novaes, que chamávamos de Piu Piu, uma pessoa adorável que morreu cedo, para Nova York. Ela insistiu muito para que eu fizesse um curso no Actor's Studio, e lá fui eu ao consulado brasileiro, tirar uma certidão de que era ator, porque assim poderia ser ouvinte de algumas aulas. Fui até o Actor's Studio me apresentei, *eu sou um ator brasileiro, está aqui a minha comprovação*. O homem não quis ver certificado algum: *se o se-*

nhor está dizendo... Eu achei estranhíssimo, insisti que ele olhasse o certificado, mas nada. Logo eu estava assistindo às aulas. Participei de quatro aulas, duas com Lee Strasberg. Eles faziam um trabalho que eu faço até hoje. Os membros que eram selecionados, jovens, faziam cenas, um ou uma dupla, assistidos por um comentador. Uma vez apresentada a cena, havia o comentário se tinha sido boa ou não tinha sido boa, porque foi boa, porque não foi boa, como fazer para ficar melhor. A gente não podia dar palpite, o ouvinte calava o bico e ouvia. Mas pra mim foi legal ver aquilo e é como eu dou aula até hoje.

Meu amigo André Adler, que eu tinha conhecido aqui como assistente do Pedro Rovai no *Ainda Agarro essa Vizinha*, já estava morando nos Estados Unidos e está lá até hoje. Ele me botou na mão um livro de um cidadão americano chamado Harold Clurman, chamado *On Directing*. Uma revelação. Eu já fazia direção de teatro, havia aprendido olhando o que os outros faziam, estava viajando com dinheiro que ganhara dirigindo. Li as primeiras páginas do livro e lá estavam coisas que havia levado dez anos para concluir. Era só dar uma lida: critérios de escalação de elenco que eu levei 10 anos pra elaborar, por exemplo, estavam ali, na quarta página. Aí eu fiquei com raiva de mim. Pela primeira vez senti fortemente o arrependimento de não ter estudado fora quando haviam sido dadas a mim as oportunidades.

Com certeza, eu com escola seria muito melhor do que eu sem escola. Eu já vi mais de uma vez atores e de atrizes dando entrevista – *não, eu não acredito em escola pra teatro*. Eu tenho um argumento decisivo para os meus alunos, que vale para todos – *se você não fizer escola e for bom, ótimo. Agora, se você for bom e fizer escola ficará melhor ainda.*

No dia em que voltei, *A Resistência* estava estreando no Teatro João Caetano, que é enorme, 1200 lugares. E pude ver a peça, que havia começado em um teatro pequenininho, o Gláucio Gil, sendo aplaudida de pé por uma platéia lotada. Foi muito emocionante! Logo em seguida montamos *Bodas de Papel* no Rio, que foi mais um sucesso de crítica e público. Maria Adelaide, que é uma maravilhosa autora, estava definitivamente consagrada.

Em 1981 larguei o *Planeta dos Homens* porque fui convidado para dirigir *Viva o Gordo*, do Jô Soares. Foram cinco anos de muito prazer, de convivência com Jô, Hilton Marques, Max Nunes, pessoas inteligentes, agudas, e foi um privilégio estar ao lado deles neste tempo. Os programas de humor estavam com tudo na época, porque futucavam o *status quo*, provocavam a censura. O Borjalo acompanhava pessoalmente o programa, era a menina dos olhos dele. Nós tínhamos uma reunião semanal na qual assistíamos juntos ao programa, e algumas coisas eram cortadas, por qualidade ou por conveniência política. O Max sempre foi muito hábil, ele não era radical, ele ia até certo ponto na sua provocação, mas prevalecia a piada.

No teatro, eu, Ginaldo e Flávio queríamos continuar produzindo. E surgiu nas nossas mãos um texto do Doc Comparato: *Clara ou Um Estudo sobre Portas e Janelas*. Eu disse para o Doc que com esse título não ia dar. A peça tinha um intróito, com o autor falando mais ou menos isso: *Um dia eu estava fazendo uma palestra e uma interna se levantou, veio até mim, e me deu um beijo na boca. A ela dedico essa peça.* Aí eu coloquei o título de *O Beijo da Louca*. Claudio Cavalcanti fazia o médico e lia esse início, Louise Cardoso fazia a louca. Era uma encenação belíssima, com cenário da Maria Carmem - também não deram bola não. Implicaram com o Doc e deixaram um belo espetáculo para lá. Foi um sucesso extraordinário, até a Louise e o Ricardo Petraglia brigarem, atrás do palco, aos berros, com o público presente. Eles viviam um casal apaixonado. O Ginaldo e eu, que éramos os patrões, determinamos que os dois iam sair. Entraram Stela Freitas e Eduardo Tornaghi no lugar deles. E a gente continuou com a peça em cartaz sem parar um dia. Mas paramos rapidinho. Era um extraordinário sucesso que nunca mais foi tanto depois da troca. Não foi a coisa mais sábia que a gente fez, foi a coisa mais enérgica. Mas não foi uma grande idéia, não.

Cenas de O Beijo da Louca, *com Louise Cardoso*

Como eu sou como diretor? Eu não gosto de ter uma pré-concepção da maneira do ator fazer o papel. Se eu enxergo aquele ator naquele papel é porque eu já vi alguma coisa dele que vai servir para o meu espetáculo. Aí eu deixo que ele leve do jeito dele, a partir da embocadura que ele escolhe eu vou lapidando, corrigindo, ponderando, alterando um pouquinho o rumo. Isso é arte cênica. Cada um tem que ter o seu espaço de criação.

Quando dirijo o espetáculo, acompanho a primeira semana, passo a semana inteira assistindo e depois só vejo uma vez por mês. Porque os atores vão mudando um pouquinho a cada dia, se você vir sempre, o seu olho vai junto. Se vejo uma vez por mês, tenho sempre o espetáculo de estréia como referência. Assim consigo perceber o que foi se perdendo no caminho. Habitualmente os atores vão entrando por atalhos que nem sempre são os melhores. O que acontece nas comédias é que os atores começam a achar que a graça é deles e não da situação. Então começam a ficar cada um mais engraçadinho, a risada vai embora, aí eles fazem mais força para tirar o riso e a risada vai embora mesmo. Normalmente é preciso voltar atrás, fazer simples que a risada reaparece. E nem sempre são só os atores: uma vez o Ney Mandarino, que é um grande contra-regra, é um mágico por detrás do palco, trabalhou conosco em *Constantina*.

O Beijo da Louca, *com Louise Cardoso e Ricardo Petraglia*

Um dia percebi que uns biombos do cenário estavam muito juntos. Disse: *Não Ney, é mais pra cá.* Ele ficou uma fera, bravo, como se eu estivesse acusando ele de má fé, ou de mau profissionalismo. Não era isso, é que no dia-a-dia, ele foi aproximando os biombos sem perceber. Não havia marcas no chão, era no olho e aí acontece o inevitável: o que era centímetro vira meio metro. É preciso restaurar as marcas no chão para tudo voltar à normalidade.

Não sei se quando sugiro que as pessoas voltem à intenção original sou bem recebido. Não sei mesmo. Eu não vou estar lá todo dia. O espetáculo pertence mesmo a eles. Mas, pelo menos o pessoal tem educação e fingimento suficientes para me fazer acreditar que está aceitando. Eu tenho o hábito de assistir anotando, então depois eu leio tudo que escrevi, pontuo cena por cena que estiver com problema. E explico o porquê. Acho que os atores me ouvem, sim. Quando a observação é objetiva é muito difícil o elenco se insurgir. Além do mais, ninguém se mete a besta de dizer para o diretor que ele está errado. Como ator, sou bem disciplinado, porque como tenho uma formação de diretor, se não deixo para lá, fico sofrendo, e acaba prevalecendo a minha visão. E isso não é bom: o diretor quer o bem do espetáculo e está olhando o todo. Então, ele pode indicar um caminho que não concordo, pode não ser um diretor muito hábil para lidar com a criação de um ator do seu personagem. Aí eu dou uma filtrada, uma leve traduzida no que ele quer. É uma burrice eu me insurgir, achar que estou cheio de razão. Virou até uma espécie de desafio pra mim, como ator, fazer o que o diretor quer, mesmo que não seja o que eu quero, dar um jeito de conciliar, sem me insurgir, sem falar nada, só apresentar o trabalho. Eu me treinei para fazer o que o diretor pede. Acredito em uma coisa e digo e repito para os meus alunos: se você não concordar realmente com a direção, deixe o espetáculo. Nunca precisei fazer isso.

Uma vez recusei um convite e, de certa forma, me insurgi contra a visão do diretor. Eu fui convidado pela Bibi Ferreira - olha que honra! -, para fazer *Tango, Bolero e Cha Cha Cha,* no papel de um transexual. Apesar de honradíssimo com o convite eu tinha certeza que não podia fazer um cara que virou mulher. Podia fazer um gay. *Bibi eu não tenho mais cintura para isso, não tem como eu fazer, te agradeço muito, mas não vai dar certo, eu não me vejo fazendo, eu não vou saber.* O Edwin Luisi fez magnificamente, depois o Eduardo Martini entrou e fez bem também. O Edwin tinha uma leveza no corpo, que eu não tinha mais, nem sei se tive algum dia. De certa forma eu me insurgi, me opus à visão da Bibi Ferreira. Por mais que quisesse fazer, como não achava possível, preferi não aceitar. Curioso é que, quando li a peça, vi que havia um papel que o meu filho Miguel podia fazer. Sugeri para Bibi, Norma era produtora do espetáculo também deu uma força e foi a estréia profissional dele, aos 17 anos.

Nossa, para que caminhos essa conversa de direção nos levou.

Estamos em 1982, de volta ao meu currículo. Fui convidado para fazer uma novela, *Sol de Verão*, do Manoel Carlos. Gravava *Viva o Gordo* nas segundas, fazia reuniões terça, quarta ou quinta, e gravava a novela ao mesmo tempo. Ia de um lugar para o outro, com muito desembaraço, mas por isso fiz pouco teatro nesse ano. Eu estava interessado em novelas e posso dizer que fiz sucesso em *Sol de Verão*. Meu querido amigo Jardel Filho morreu no meio da novela e deu-se uma enorme confusão. Eu estive muitas vezes com ele, a última vez que eu o vi, perguntei: *O que foi, está bem? Não, não estou bem*. Ele já estava infartado e o médico tratando como se ele tivesse pneumonia. Se tivessem descoberto talvez desse tempo... Mas, Jardel morreu, Maneco parou de escrever a novela, Lauro César Muniz pegou o *trampo*. Eu era o marido da Irene Ravache, que era pra morrer no capitulo 40. Eu me saí bem e o Maneco não me matou. Saí do hospital e voltei. Quando o Jardel morreu, o Lauro assumiu, não sabiam no colo de quem jogar a novela. Jogaram no meu e a mocinha terminou comigo.

Cena de Sol de Verão

Cenas de Sol de Verão, com Beatriz Segall, Debora Bloch e Irene Ravache

Em 1983, dirigi *Por Uma Noite*. A história dessa peça começa muitos anos antes, na época de *Os Fuzis*, quando fiquei mais de seis meses em Milagres, preparando e despreparando a produção. Nessa época conheci o Ugo Kusnet, que era assistente do Ricardo Aronovich, diretor de fotografia do filme. Argentino, Ugo foi ficando no Brasil por uns 15 anos. Ficamos mais e mais amigos: sou padrinho de seu filho Pablo; ele é padrinho do Carlinhos. É a amizade de uma vida, que começou em 1963 e permanece até hoje. Aliás, existe uma curiosidade na minha vida: muitos amigos moram longe. Ginaldo de Souza está em Rio das Ostras; Carlos Alberto Pereira Guimarães, o Guima, e sua mulher Márcia, meus padrinhos de casamento, são agora embaixadores no Gabão; Leonel Cambecau mora atualmente na França; meu terapeuta de shiatsu, que se tornou um grande amigo, Kyoshi Tsushima, mora atualmente no Porto e já fui visitá-lo muitas vezes; e o Ugo, que voltou para a Argentina. Eles são os meus melhores amigos.

Bem, foi o Ugo que me apontou uma peça que fazia sucesso na Argentina, de Diana Ranovich, que nós resolvemos chamar de *Por Uma Noite*. A peça fala de duas mulheres de meia-idade, solitárias, que raptam um galã de novela, porque são loucas por ele, e tudo acaba mal. Eu e Ginaldo de Souza produzimos o espetáculo com a Aracy Balabanian, Suzana Faini e Marcelo Picchi. Era uma peça interessante, mas não foi um grande sucesso.

Com seu amigo Tsushima e o filho Carlinhos

Brasileiro implica de graça com a Argentina. Eu adoro a Argentina, acho Buenos Aires uma cidade fantástica, muito bem preparada para o turismo, tratam a gente bem. Eu adoro tirar férias lá. Admiro o movimento cultural argentino em vários aspectos: as artes plásticas, a arquitetura, o cinema, o teatro são fantásticos. A primeira vez que fui a Argentina foi com a Companhia Tônia-Celi-Autran em 57, eu estava de férias, fui junto, estava com 14 anos. Voltei lá depois de *Por Uma Noite*, em 1983.

Adorei, nunca tinha ido depois de adulto a Buenos Aires. Ainda teve um detalhe engraçado, me reconheceram na Cruzeiro do Sul e me passaram pra primeira classe. Quando cheguei lá, estava José Lewgoy viajando também. A aeromoça já chegou – *seu champanhe* – e eu *vapt*, já peguei de manhã a taça e mandei para dentro. O Lewgoy estava fazendo só Rio-SP, - *só viajo em primeira classe*, ele me avisou. Antes de chegar em Viracopos eu já tinha tomada várias taças de champanhe. Desembarquei bêbado, achei tudo lindo, falei espanhol pelos cotovelos. Meus amigos me estranharam tanto: *o Cecil falava português, era engraçado, agora é um comovido que fala espanhol.* E eu lá: *a mi me encanta, mui maravijoso...*

Em 1984 eu me separei de Norma. Nessa época, meu filho Miguel era pequenininho, tinha pouco mais de um ano. E eu já tinha o meu sítio, o meu lugar de refúgio desde 1981. Sempre gostei muito de viajar e muitas vezes tive como companheiro o Ginaldo de Souza e sua família. Em um verão alugamos uma casa enorme em Barra de Maricá, passamos dezembro, janeiro e fevereiro, não choveu um dia, foi uma seca pavorosa. Para quem queria ir a praia era o ideal. E essa casa, quando estava vazia, eram 12 pessoas: Ginaldo e família, eu e a minha, Minha irmã Bárbara, que na época era casada com Denis Derkian e família. Além disso, tinha os convidados: Edson Celulari, Silvia Bandeira apareceram por lá. Foi um verão maravilhoso. Nisso, minha querida Luiza sofria de pressão alta, não podia ir pra lugar alto, e começamos a procurar para comprar um lote lá em Maricá. Estava com o jornal na mão procurando lote quando vi um anúncio *Vende-se Fazendinha*. E comecei a me interessar por essa possibilidade. Um dia, meu amigo Alberto Silva Telles, que eu tinha conhecido através do Flavio Bruno, disse: *eu comprei uma fazenda aqui pertinho, meu vizinho está vendendo, não quer dar uma olhada?* E lá fui eu e Ginaldo, o carro cheio de gente, família, criança, tudo, a gente foi pela via Dutra, chegou para olhar a propriedade, não tinha ninguém pra mostrar. A gente foi embora, mas acabei voltando naquele lugar na Serra do Matoso, que ninguém conhece. Todo o dinheiro que tinha amealhado com sucessos no teatro, em especial *Bodas de Papel* e *A Resistência* daria no máximo para comprar um apartamento de dois quartos na Zona Sul do Rio de Janeiro. Lá, na Serra do Matoso, eu pude comprar 582 mil metros quadrados, um pedaço do mundo. Eu tinha passado a minha vida na beira da praia, lá não tinha mar, mas tinha a privacidade que a gente estava querendo e minha querida Bá Luiza podia ir, porque não era tão alto. Quem mais se encantou pelo lugar fui eu, e na separação eu fiquei com o sítio.

Na Serra do Matoso fui recebido por um grande amigo, Florentino Avidos, o Tininho, que dedicou a sua vida a ajudar o pessoal da região. Ele se candidatou a vereador, se elegeu duas vezes e foi o político mais vocacional que já conheci. Ele se divertia cuidando da coisa pública. Éramos vizinhos, nossos sítios ficam na mesma estradinha, que se chamava Estrada do Matoso. Um dia ele passou lá em casa e eu estava lá pra cima do morro e me deixou um bilhete pedindo uma carona. Quando estava me preparando para sair, Alberto chegou e me disse: *o Tininho morreu*. Ele saiu lá de casa, deixou a porteira aberta e morreu 200 metros adiante. A estrada passou a ter o nome dele. Meu sítio é na Estrada Florentino Avidos. São 12 alqueires, em que se produz gado para comercialização e frango, ovos, queijo, hortaliças, leguminosas para consumo próprio. Quando cheguei lá, criado na praia, sabia pouco. Hoje, depois de instruído por diversas pessoas, sei bastante, escolho até boi. Desde os anos 80 eu sigo uma rotina: durmo cinco noites no Rio e duas no sítio.

Voltemos a 1984. Eu ainda estava dirigindo *Viva o Gordo* e fui convidado para mais uma novela: *Champagne*, de Cassiano Gabus Mendes. Eu não me saí lá muito bem não, não tinha um bom papel não, mas foi bom fazer. Voltei a trabalhar com Irene Ravache, trabalhei pela primeira vez com Antônio Fagundes, e esses contatos são interessantes. O Fagundes realmente memoriza com uma facilidade espantosa, eu jamais conheci alguém que memorizasse tão fácil. A memorização do ator é muito prejudicada pela memorização que você aprende no colégio, que é o *decoreba*, você enfiar uma forma na cabeça. A memorização do ator deve ser a construção de um subtexto como diz o Stanislavski, a construção de um pensamento que o leve a dizer aquilo. Se você faz rapidamente, *perere perere perere*, pra aprender feito uma tabuada, você não vai construir o pensamento, vai construir uma musica que você repete. Agora, se você lentamente vai memorizando o texto, fazendo com que ele se transforme em imagens, ou seja, pensamentos concatenados, uma coisa que puxa outra, que puxa outra, que puxa outra, você decora mais depressa. Lentamente criando a imagem você decora mais eficientemente do que repetindo, repetindo, repetindo rapidamente. Ninguém me ensinou isso, eu que tive que inventar. O Fagundes dá uma olhada e sabe do que se trata. É impressionante.

Eu sempre fui preguiçoso e tive facilidade pra decorar. Levava uma prancheta com o meu texto, dava uma olhada na hora e fazia. O Fagundes olhava no meu, o desgraçado nem levava o texto. Se eu desse uma palavra errada, ele sabia exatamente a certa, a palavra exata para que ele pudesse ir adiante. Foi fascinante acompanhar Fagundes trabalhando e me ensinou bastante, coisas que repasso para os meus alunos. Quando você memoriza com facilidade é porque encadeia as idéias, transforma aquilo em pensamento na sua cabeça que sai sob a forma de palavra da sua boca. Minha grande paixão é a interpretação. E entendê-la. Só assim posso ensinar, o que adoro.

Logo depois da minha separação, minha mãe foi muito generosa comigo mais uma vez e me convidou para produzir e dividir o palco com ela em *A Divina Sarah*. Sessenta por cento para ela, quarenta para mim, o que era muuuuuito. Quarenta por cento de um sucesso é uma coisa enorme. João Bethencourt era o diretor, coitado, ele cortou um dobrado com a gente. Minha mãe discutia demais a direção dele. Ele tinha peculiaridades de diretor bem engraçadas. Uma vez ele trouxe um trecho gravado por ele, porque ele queria que minha mãe visse como ele achava que deveria ser. Era tão ruim, mas muito ruim. E ele ouvindo aquilo gravado e achando bom. Eu disse: *João, ainda bem que você não foi ator, porque não ia dar certo.* A peça foi bem, principalmente por se tratar de quem se tratava. Eu estava no auge do meu tempo de comédia, fazendo *Viva o Gordo* com uma experiência danada. O João queria salvar a peça fazendo uma comédia. E o lado mais engraçado ficava ao meu critério. Ele apostou muitas fichas em mim pra fazer graça, e eu até fazia. Eu chegava a atrapalhar minha mãe em cena. Ela reclamava, eu atendia, mas não entendia muito bem não. Ela tinha razão. Eu ficava agindo sem parar, e você em cena não pode fazer isso. Você tem que receber, repercutir e agir. Eu ficava agindo, agindo enquanto ela falava. Eu vejo muita gente fazer isso, não é legal não. Você tem que dar atenção ao que vem do outro e responder. No geral, posso dizer que trabalho bem com a minha mãe. Só que ela é basicamente intuitiva, e eu sou dedutivo. Ou seja, a gente pertence ao mesmo teatro, que quer fazer tudo bem feito, com temperamentos diferentes.

No mês de julho fizemos uma interrupção, e eu fui viajar com meu filho Carlos para o Rio Araguaia. Fui eu, ele e um seu amiguinho chamado Lucas Jancsó, filho de um húngaro, Istvan Jancsó, que fala com sotaque baiano, meu amigo, um grande professor de História do Brasil. Eu fiquei apaixonado pelo Rio Araguaia, fomos num lugar chamado Santa Terezinha com um guia fantástico chamado Mauro Francisco Brandão. Voltei no ano seguinte, depois ele morreu e perdeu a graça. Mas foi maravilhoso esse primeiro ano. Foi o ano de descoberta, peixes que a gente não conhecia. Eu já tinha pescado no Rio Araguaia quando eu tinha feito *O Diabo Mora no Sangue.* Nas folgas, tomava café da manhã, separava um pedaço do pão, fazia uma bolinha, corria para um flutuante juntinho da margem, pegava o anzol, botava a bolinha e pegava uns peixinhos assim, de seis centímetros. Colocava esses peixinhos na ponta do flutuante, dois metros mais para fora, isso significava profundidade completamente diferente e pegava peixes de dois quilos: cachorra, mandubé, tubarana amarela, essa fauna do Araguaia. Eu nunca vi lugar tão piscoso, era uma coisa de você botar e tirar, pegar peixe toda hora, e eu tinha ficado encantado com isso. Quando eu vi num guia a possibilidade de ir ao Rio Araguaia lá fui eu de novo com os meninos. Foi um encantamento, pegamos tanto peixe, aprendemos a pescar tucunaré. Tucunaré é uma delícia, fazia na brasa, na beira do braço do rio. Carlinhos estava com 12 anos na primeira vez. No ano seguinte a gente voltou, já foi o Lucas com o pai, eu com Carlinhos, o Iran Dantas com o filho Iranzinho Dantas, o filho da Irene Ravache, e um filho do Flavio Bruno foi comigo. Já era uma comitiva. Eu tinha ido a Brasília com a *A Divina Sarah*, tinha ido a Funai, consegui permissão para visitar uma tribo de índio, eu tinha me mexido. Eu sou um bom capitão de piquenique. Essa segunda viagem foi mais de pescaria ainda, sempre com o Mauro. Pegamos tantos peixes, todo mundo pegava peixe de oito, nove quilos. Eu peguei um tucunaré de mais de cinco quilos. E não é papo de pescador.

Foi um período de acomodação à nova vida. Acabou o casamento, eu estava cheio de namorada, mas eu sentia muita falta de relação com os meninos. Eles ficaram muito magoados por eu ter saído de casa. Foi bastante difícil para eles, para mim, para todo mundo, Miguel era pequeninho. E aí eu comecei um período da minha vida, que eu dirigia televisão ou era ator, dirigia teatro, mas ator de teatro não. Fim de semana eu pegava o Miguel e ia para o sitio. Carlinhos e Luisa já não queriam ir, porque já tinham 13,14 anos e programas variados. Mas o Miguel ia comigo, a gente morou junto no sítio, ele começou a ir com um ano e oito me- ses e não paramos mais. Eu ia sozinho com ele. Tinha lá uma empregada que me ajudava a cuidar dele, depois as filhas do caseiro ficaram amicíssimas, então ele tinha turma, ele chegava já tinha a garotada para ir pescar de peneira, subir em árvore, catar fruta, essa programação toda. Eu não passava fim de semana aqui entre o Parque Tivoli e o chope - o parque era uma chatice para mim e o chope para ele. Durante muitos anos não abri mão de passar o final de semana com ele.

As namoradas não tinham lugar no sítio. Não freqüentavam. Eu tinha sido comportadíssimo a vida toda e naquela solteirice estava a mil por hora. Só fui me aquietar dois anos depois, em 1986, quando me casei com Carolina, que era do *cast* do *Viva o Gordo.* João, meu filho caçula nasceu em 1989.

Quando estava na excursão de *A Divina Sarah*, fui tirado da direção do *Viva o Gordo*, um epi- sódio muito traumático pra mim. Eu estava há cinco anos no programa e, confesso, meio bla- sé. Só pensava no teatro, nas namoradas, não me aplicava para ter o melhor. Digamos que me desincumbia do programa. Eu estava crente que estava tudo certo, mas o Jô não estava satisfeito, é claro. E não o culpo por isso. Um diretor com pouco interesse não é um bom diretor, ele tinha toda a razão. Digamos que o programa se cansou de mim. O Jô sempre foi um leal amigo, mas tenho certeza que ele pediu para eu não ser mais o diretor. Para mim foi muito difícil. Muito difícil mesmo.

Eu contei sempre com o apoio da minha mãe. O seu amor incondicional foi o que me formou. E eu transportei essa relação para o trabalho. Eu achava que o trabalho ia se relacionar comigo sempre como se eu fosse uma pessoa especial. Tudo que fazia, era correspondido, era sucesso, somava, se acrescentava. E tudo que eu fazia era uma beleza, segundo a minha mãe. Sempre. Meu pai também não me botava muitas restrições e morreu cedo. Não tive muito alguém me obrigando a me comportar melhor. Logo antes do meu pai morrer, fui escrever para um programa chamado *Sem Censura*, que ele produzia e apresentava. Era um programa de entrevistas um pouco agressivo, eu fiz uma vez uma *cabeça*, um texto inicial. Ele tinha dito como ele queria, decorei o que ele falou, escrevi e ele achou ótimo. Ele escrevia muito bem, e queria que eu também escrevesse para não ser ator, aliás, para não ser viado. Ele achava que negocio de ator não era bom, não, era tudo viado.

Aí eu fiz um segundo texto, ele não gostou, não fez, e fiquei bravo com ele por não ter gostado. Acho que foi a primeira manifestação de *nem tudo que você faz é bom, procure se esforçar.* Eu fiquei muito ofendido. Mas isso nunca mais se repetiu. Tudo que eu fazia era bom, dava certo, incondicional. Eu não era *um pouco* o filhinho da mamãe. Era completamente.

E foi assim até eu ter 40 anos. Quando saí da direção do programa levei o primeiro baque. *O que é isso, eu não pedi pra sair, eu não quero, como fazem isso comigo?* Foi um abalo sísmico, que não me fez entender de imediato que na profissão os amores são condicionais. Foi a primeira pancada e houve outras. Até então eu só tinha vivido a ascensão. Fiquei sozinho no sitio, lambendo as feridas, para tentar entender, e levei muitos anos para finalmente aceitar que ou você se comporta ou neguinho não quer saber de você não. Não é porque você é você que tudo fica resolvido. Eu já tinha havia passado pela psicanálise, tido alta, sem me dar conta disso. Eu me lembro que o Daniel Filho me chamou e disse: *Como você está? Eu estou bem, vocês é que são loucos.* Aí ele disse: *Então está ótimo.* E me encomendou o projeto da Casa de Interpretação, que eu fiz.

Enquanto elaborava o projeto, em 1985, fiz a peça *Gatão de Estimação*, de Gerard Lauzier, traduzida e adaptada brilhantemente pelo

Luiz Fernando Veríssimo. A produção era do Pedro Rovai, que me chamou para dirigir. Eu queria fazer o papel, ele achou que não dava, e chamamos o José de Abreu. Eu trouxe para o elenco a Cláudia Raia, uma amiga querida, que eu havia posto na TV para fazer o *Viva o Gordo* e estava estourando na novela *Roque Santeiro*. Quase que ela não aceitou. Eu briguei com ela, obriguei-a a fazer. Ela até disse: *nossa, parece namorado brigando!* A peça foi muito bem e era muito engraçada. O Zé saiu para fazer uma novela e o Rovai disse: *Como é que faz?* E eu: *Deixa ver se eu faço?* Fiz e o papel ficou sendo meu. Funcionou perfeitamente e fiz o resto da temporada aqui no Rio e a montagem paulista. Tenho boas recordações dessa temporada. Eu e a Cláudia em um Escort, seu primeiro carro, andando para cima e para baixo. Um dia levei-a para comer sushi. *Peixe cru, que absurdo, que horror*. Poucos anos depois estava atracada com peixe cru. Aliás, devo dizer, em poucas semanas Cláudia já era a *dona* da companhia, que personalidade, maravilha! Mandava em todo mundo, resolvia tudo.

Em janeiro de 1986 começou a funcionar a Casa de Interpretação e eu me tornei um executivo na Globo. O projeto era uma mistura de coisas da minha cabeça, idéias do Avancini, sacações do Paulo Afonso Grisolli, Actor's Studio, Casa de Criação (de autores, que já existia na Globo).

Em Gatão de Estimação, *com Paulo Celestino Filho, Carina Cooper e Cláudia Raia*

E começamos a trabalhar na informatização do cadastramento de atores, em oficinas de reciclagem para atores, na pesquisa de novos valores, iniciando a busca de talentos em outros estados, criando um banco de vídeo, como cadastro de novos talentos, e dando assessoria de *casting* às várias produções. Uma das poucas coisas no projeto que não funcionou foi a preparação de elenco, porque os diretores sempre acham que sabem tudo e ficam ofendidos em pedir ajuda. Mas a gente ajudava muito na escalação.

E foi em uma dessas reuniões para a escalação de elenco de *Roda de Fogo* que consegui meu passaporte definitivo para as novelas. Para um dos personagens, o Paulo Ubiratan queria o José de Abreu. Eu discordei porque o personagem era requintado e o Zé, pelo menos nessa época, era mais popular, pé no chão. Eu queria o Carlos Kroeber, mas todos acharam um absurdo. Aí chegou-se a conclusão que deveria ser eu a interpretar Mário Liberato. Eu aceitei e foi o meu maior sucesso em televisão. *Roda de Fogo* estreou em agosto de 1986. No verão de 1987 eu fui *o muso*. Estava em todas as listas dos *dez mais alguma coisa* dos jornais. Ele era o vilão, mas todo mundo *amava* aquele gay discreto, quase uma senhora fina, que se dava o respeito. Não era uma qualquer não. Mário Liberato era um gay daquela época em que não se podia ser, que se escondia, que não era uma coisa pública.

Era um cara com alguns *ademanes*, mas ninguém na novela chamava-o de gay, viado ou fresco. Engraçado é que o público na rua também não. As pessoas gritavam – *ô, careca!* –, porque o personagem do Felipe Camargo me chamava de assim. Eu não gostava, mas era melhor do que gritarem – *ô viado!*

Cena de Roda de Fogo

O sucesso foi o bônus. A fama de gay, o ônus. Durante muitos anos, acho que bem uns oito, todos achavam que eu era homossexual. Prova de que fiz um bom trabalho, não é mesmo? Dei uma entrevista grande para a *Playboy* e o cara ficava forçando para eu confessar, sair do armário. Como isso não aconteceu, ele colocou vários parênteses durante a entrevista – *risos.* Na verdade eu levei tudo no humor, mas ele em vez de colocar como piada, deixava nas entrelinhas que eu estava disfarçando alguma coisa. Uma vez fui gravar um comercial e dei a minha fala. *Não, faz como você é* – reclamou o diretor. Eu fazia de novo. *Faz do seu jeito, que você faz na televisão*. Demorei a entender que ele queria que eu desmunhecasse. Demorou bastante tempo para as pessoas acreditarem que eu não era gay. Isso me preocupou? Claro que não!

Durante *Roda de Fogo* tive a minha primeira experiência em dirigir novelas. Eu quebrei um galho em duas gravações para o Dennis Carvalho, que não estava se sentido bem. Só isso. Quando a novela acabou eu nem fiquei para as festas, e olha que eu era requisitadíssimo. Como sempre adorei viajar, fui passar cinco semanas na Europa com Carolina. O Cláudio Cavalcanti me perguntou: *Você vai a Paris fazer o quê? Cláudio, não vou fazer nada, vou ver francês andar na rua*. Ele adorou. Fui limpar a minha cabeça. E eu estava lá quando me chamaram para salvar uma novela, que era *O Outro*.

Não aceitei e parece que resolveram a situação com o Ricardo Waddington, com quem cruzaria pouco depois, em episódio não muito agradável.

Fui chamado para dirigir *Mandala* e achei que era hora de largar a escrivaninha, deixar o cargo executivo e ir para o estúdio. Maria Carmem Barbosa era minha assistente, a gente tinha um relacionamento bem competitivo, diga-se de passagem, virou a *toda-poderosa* do departamento e levou adiante muitos projetos que a gente tinha elaborados juntos. Ela ficou lá um tempão, mas gostava mesmo é de escrever – no fundo, todo mundo gosta da prática da arte, não da administração. Tenho certeza, porém, que deixei uma marca. Fiz algo que está funcionando até hoje. A Ana Margarida, que era assistente da Maria Carmem, está lá ainda, assim como existe o Departamento de Recursos Artísticos. As oficinas da Globo permaneceram atuantes por muito tempo com outras pessoas na linha de frente. Mas quem começou tudo fui eu. Ficou muita coisa desse trabalho que eu fiz e que a própria Globo se esquece. A televisão não tem memória, tem um dia-a-dia tão lutado, tão violento, que não fica com muita memória mesmo.

Quando fui dirigir *Mandala*, chamei o Ricardo Wadington para ser meu segundo. E ele me passou uma rasteira. O diretor de núcleo era o Talma e o Ricardo queria ser o diretor-geral. Eu me recusei a ser o segundo, ficou um impasse.

Eu fiz uma viagem a Porto Alegre, quando voltei, estava fora da novela. Ficou uma coisa horrível entre eu e Ricardo Waddington. Foi nesse momento que descobri que quem trai precisa odiar o outro. Eu chamei-o para a novela e ele tinha que achar que eu era uma porcaria para poder me puxar o tapete. Ficou meu inimigo até hoje. Não tenho nada a favor dele, mas tenho que reconhecer que ele é mais esperto do que eu, mais dedicado ao trabalho, trabalha feito um louco e está fazendo uma grande carreira na televisão. A televisão é de quem luta e vence, nem sempre pelos melhores meios. Não é de quem fica falando. Se eu fosse mais esperto, quem estaria vencendo seria eu. De verdade, eu precisaria me dedicar mais do que gostaria. Ter um sítio, filhos, viajar, fazer teatro - eu teria que esquecer de tudo e botar o trabaaaaalho em primeiro e segundo plano para ser poderoso. Essa nunca foi a minha. Talvez por isso não tenha feito uma carreira como diretor na Globo.

Por que aceitei dirigir *Sassaricando*, se já pensava assim? Porque era um grande desafio que precisa enfrentar: dirigir uma novela. O desafio naquela altura da minha vida, aos 44 anos, era bem vindo. Posso dizer que peguei o peão na unha, dirigi sem estar preparado para isso e fui aprendendo durante a novela, ouvindo um pouco Sílvio de Abreu, Paulo Afonso Grisolli, Lucas Bueno, que era o meu segundo e foi um santo na minha vida naquela altura do campeonato. Miguel Falabella estava começando a dirigir e era o terceiro diretor da novela. O Leonel Cambecau era assistente, mas dirigia de vez em quando. Era um time muito legal.

Digamos que o maior problema que enfrentei em *Sassaricando* foi com a minha mãe. Eu brigava demais com ela, porque ela insistia em mudar o texto. Ela fazia um novo texto, que achava ser melhor do que o do Sílvio de Abreu. Eu reclamava e ela ficava magoadíssima: *Você não pode ser contra mim*. E eu retrucava que ela não podia ser contra o autor. *Ele escreve um capítulo, depois outro e depois mais outro. Você não pode chegar no estúdio e mudar o texto, porque isso vai acarretar uma reação em cadeia.* Não adiantava. Ela continuava que sua argumentação era bem melhor e *o público vai gostar muito mais da minha personagem com essa argumentação.*

Tomei uma decisão sábia: não dirigia mais as cenas dela. Dava para o Miguel fazer. Eles se entendiam às mil maravilhas. Graças a Deus, ele gravava melhor e mais depressa do que eu com minha mãe.

Paulo Autran também estava na novela. Foi a terceira e última novela que fez. Com ele tudo era muito profissional. Ele achava aquilo tudo chato demais. Chegava, pegava e fazia. Eu não enchia o saco dele, ele não enchia o meu. Ele só reclamava um pouco, dizia que eu precisava ser mais bem humorado. Ele devia estar com a razão.

Televisão é pressão o tempo todo. Quase todos os diretores de TV engordam, comem muito, se compensam de alguma maneira. Você não tem quem te ajude, quem te oriente, tem quem te cobre. Não há uma orientação, uma ajuda, só cobrança. A postura é muito sarrafo na cara.

Eu trabalhava demais, mas acho que não trabalhava tanto quanto devia, porque não dava. Eu lia e decupava os capítulos, gravava, abria cada cenário. Além disso, fazia reunião de equipe toda semana. Se falhei, foi porque quase não ia a edição. Na verdade eu não fui talhado para a jornada diária de uma novela, que é de 12 a 16 horas. Foi uma experiência maravilhosa, mas me deu a certeza de que não queria ficar doze meses trabalhando naquele pique alucinante a cada vez que me convidassem.

Aliás, preciso fazer um *mea- culpa* aqui. Quando me puxaram o tapete em *Mandala*, topei dirigir uma peça *Um Piano à Luz da Lua*, do Paulo César Coutinho. Aí me puseram em *Sassaricando* e eu tentei segurar as duas coisas. Fiz um trabalho na peça prejudicado pela novela e a peça prejudicou a novela. O Edwin Luisi me ajudou muito na direção de *O Piano*, mas não fiz um bom trabalho: não me comuniquei direito com alguns atores, cometi erros de escalação. Dessa vez a máxima aprendida com Ziembinski, a de fazer todos os trabalhos que aparecessem, não deu certo. O passo foi maior do que a perna.

Nos anos 80 praticamente não fiz cinema. Fiz também pouco teatro, Na verdade, a televisão me absorveu muito. Em 1988, depois de dez anos, fui convidado pelo Khoury para fazer *Forever*, um dos filmes estrangeiros que fiz. Era dirigido por um brasileiro, mas era falado em inglês. O protagonista era o Ben Gazarra, que contracenava com Vera Fischer. Nunca vi o filme. Foi um trabalho duro porque havia um *coach* que exigia o tempo todo que o elenco pronunciasse corretamente as palavras em inglês. É muito ruim interpretar em língua estrangeira, porque endurece a interpretação. Você fica tomando conta da fonação da língua - ainda mais com um *coach* infernizando a sua vida para você falar *the* corretamente, com a língua entre os dentes - e a interpretação se perde. Parece principiante que está prestando atenção naquilo que diz em vez de relaxar e prestar atenção no outro. Eu filmei em inglês, depois me pediram para dublar em português, depois me dublaram em inglês. Uma confusão. Digamos que foi mais um trabalho e apenas isso.

Neste mesmo ano produzi, associado a Osmar Prado, Carmem Figueira e Jalusa Barcelos, e dirigi uma peça do Luiz Fernando Veríssimo – *Brasileiros e Brasileiras*. Foi uma peça bem emblemática na minha cabeça porque nessa época já se dizia que sem patrocínio não dava para fazer. E eu dizia: *tem que dar*. Chamei a Maria Carmem para a cenografia, a Norma, que sabia produzir barato e fizemos com o dinheiro da gente. E a peça foi sucesso. Eu tinha a intuição que se a gente começasse a depender de patrocínio, o teatro iria morrer. Eu havia visto a Embrafilme matar o cinema. Neguinho só queria saber do dinheiro, não queria saber de fazer sucesso com o público, então durante muitos anos a Embrafilme fez os cineastas cortejarem o financiamento, depois que ele saía eles se sentiam com a vida resolvida, não precisavam mais da bilheteria. O mesmo estava começando a acontecer com o teatro, com o patrocínio dissociando o teatro da bilheteria. Era o começo do fim.

E eu estava seriamente preocupado com isso. As décadas seguintes provaram que estava certo. Juro que volto a falar disso. Prometo!

O final da década foi marcado pela minha presença nas novelas. *O Salvador da Pátria* estreou em 1989 e, confesso, foi um pouco frustrante. Eu tinha feito a novela anterior do Lauro César Muniz com grande sucesso, pensei que seguiria no embalo de *Roda de Fogo*, mas meu papel não era interessante, não era um dos importantes da novela. A novela não andou pelos caminhos que o Lauro queria, não foi muito feliz, virou pra cá, virou pra lá. Para mim serviu para ter uma convivência com Lima Duarte, que foi bastante elucidativa para as minhas inquietações quanto à arte do ator.

Cenas de Salvador da Pátria, *com Betty Faria e...*

... Lima Duarte, Mayara Magri, Suzi Rego, Antonio Grassi, Eduardo Galvão e Flávio Migliaccio

Vendo o Lima atuar pude entender algo que muita gente entende errado. Acham que o Lima faz simplesmente um tom acima. Ele até faz num diapasão alto, mas ele não faz na exteriorização do personagem, ele faz na paixão do personagem. Seu personagem é super apaixonado, cheio de verdade, e faz de cada momento na novela, um momento único, decisivo. E isso é muito interessante porque ele faz de dentro pra fora. E essa observação me foi útil para os meus posteriores trabalhos de televisão, teatro e de direção. Dá pra forçar mais quando vem de dentro. O Lima é especialista nisso e eu vi isso sendo feito por ele com muita clareza.

Logo em seguida me chamaram pra fazer *Top Model*, do Antônio Calmon. Mais uma vez o Roberto Talma me chamava para fazer um bom papel. Era um dos três principais nomes nos créditos da novela. Eu era o vilão, Alex Kundera, e há uma geração inteira que se lembra dele, porque eram crianças, viam essa novela e são meus fãs até hoje.

Encerrei a década dirigindo uma peça que minha filha produziu: *Sonhos de um Sedutor*, de Woody Allen. Luisa foi a primeira dos meus filhos a decidir ser atriz. Ela era jogadora de vôlei no time mirim do Flamengo, eu acompanhava todos os jogos. Minha tia Marita, que era professora de ginástica, ia junto. Luiza era cortadora e tinha uma cortada potentíssima.

Tia Marita gritava, de pura ironia: *cuidado, vai machucar as meninas*. Luisa fez uma viagem para a Inglaterra e deu uma passada em Paris. E voltou outra pessoa: fumava e resolveu ser atriz. Aos 13 anos ela resolveu o seu caminho e é atriz até hoje. Eu, confesso, que sonhava que ela fosse atriz, mas não falava nada. Desde pequenininha ela demonstrava que tinha vocação. Com sete anos, ela escrevia, ensaiava as crianças e apresentava peças nos aniversários das amiguinhas que moravam na mesma vila. Após a sua decisão, ela ingressou firme na carreira, trabalhou com Damião, que fazia espetáculos juvenis, foi se firmando e encontrou o seu espaço.

Com Malú Mader, em cena de Top Model

Para Carlinhos eu tinha outros sonhos. Queria que ele fosse rural. Estava apaixonado pelo sítio e gostaria muito que ele trabalhasse no campo. Nunca falei nada também. Jamais quis fazer cabeça de filho. Ele fez vestibular para biologia, foi estudar na Universidade Rural e até morou no sítio por um tempo, porque era mais perto da faculdade. Dentro da Rural ele descobriu o teatro, escreveu uma peça para o grupo teatral de lá, se formou por insistência minha, mas logo depois entrou na Casa das Artes Laranjeiras, a CAL, foi estudar em Londres e definiu também seu caminho. Ele é ator, diretor e autor. Tem uma carreira sólida em Lisboa, onde já dirigiu sete musicais infantis, três peças adultas e levou um espetáculo jovem e também aqui cavou o seu espaço. Miguel foi para o Tablado cedinho, sempre achei que ele tinha jeito, mas, como de costume fiquei calado. Ele estreou com sete anos em *Peter Pan* e no teatro adulto, como contei, em *Tango, Bolero e Cha Cha Cha*. E não parou mais. Na verdade, mesmo que não se interfira na decisão dos filhos, você propicia uma intimidade com o ambiente – com os profissionais e com o exercício da profissão. Miguel desde pequeno viveu nas coxias. João é músico, baterista, compõe,e tem uma banda de rock e seu caminho acho que é por aí.

Na minha época, era muito raro os filhos de artistas seguirem a profissão. Dos pais da minha geração, seguiram carreira os filhos da Marília

Pêra, os filhos do Gracindo Jr. e os meus – todos nós, também, filhos de artistas. Hoje parece que é obrigatório: filho de ator tem que ser ator. Para dizer a verdade não sei se me agrada muito vê-los nesse mercado. Quando entrei na profissão e cresci dentro dela nós tínhamos como base profissional o teatro, onde podíamos ser donos do próprio nariz. Amigos podiam se juntar e produzir, criar o próprio espaço e falar do que queriam. Hoje em dia não é mais assim. Ninguém consegue produzir mais e os elencos estão cada vez menores. O caminho no teatro não é duro, simplesmente ele não existe. O teatro é cada vez é mais esporádico. Assim como o cinema. A única possibilidade é a televisão, onde existe profissionalismo.

Não sou mentor dos meus filhos. A gente se procura, bate muito papo, conversa bastante sobre arte. Esse é o conselho que dou para eles: *se virem para entrar na televisão*.

Capítulo VI

Os Anos 90

Momento de Transição

Eu sabia que ia acabar mal...

Quem inventou o patrocínio no teatro foi João Madeira, da Shell, e Paulo Mamede, do Teatro dos Quatro. Como disse meu amigo Cláudio Torres Gonzaga, com a Shell patrocinando as montagens do Teatro dos Quatro, e depois prestigiando também outras produções, ela conseguiu mudar sua imagem radicalmente. De *Yankees Go Home* para *Gracinha do Prêmio Shell*. Na verdade a Shell investiu muito pouco para mudar tanto a imagem da empresa. Foi um golpe de mestre.

A primeira coisa que o patrocínio fez foi aumentar o custo da mão de obra no teatro. Junto com isso, aconteceu a crise do papel, o que aumentou muito o custo da mídia. Produzir teatro ficava cada vez mais caro. Então as produções começaram a depender do patrocínio para ter mídia e arcar com os preços lá em cima. Para obter patrocínio era preciso encher a boca e montar Shakespeare ou pelo menos Nélson Rodrigues. Nunca se montou tanto Shakespeare, tanto Nelson Rodrigues, que ao público não interessava. E o patrocinador logo percebeu o seguinte: se ele tivesse uma boa repercussão na imprensa, numa tiragem de fim de semana num jornal, ele tinha 600 mil exemplares, ou seja, um milhão e duzentas mil pessoas lendo sobre aquela peça. Na platéia, numa temporada de grande sucesso ele atingiria 100 mil pessoas. Ora, o produto dele era muito mais visto quando noticiado pelo jornal, do que quando fazia sucesso.

Foi aí que se desviou inteiramente o norte da produção. Acabou a busca pelo diálogo com o público, o teatro deixou de colocar um espelho na cara da platéia para que ela se visse refletida. O teatro passou a fazer o que convém para o patrocinador e para a mídia. Isso desencaminhou tudo e estamos como estamos. Concomitantemente houve o crescimento da televisão, os temas nacionais passando a ser debatidos na televisão em teledramaturgia, e os autores foram sendo cooptados: Maria Adelaide Amaral, Dias Gomes, Lauro César Muniz passaram a discutir a realidade brasileira em outra tribuna. Você já não precisava sair de casa, estacionar, gastar uma fortuna, porque a discussão passou para dentro da sua casa e você podia ver na hora que quisesse. Então vimos o enfraquecimento social do teatro, tão importante nas décadas anteriores, associado ao advento do patrocínio. E o teatro cada vez se enfraqueceu mais. E eu vi isso claramente, a decadência brutal da atividade teatral enquanto força de atividade econômica.

Cena de O Protagonista

Em 1990 fiz a minha primeira e última produção desta década: a peça *O Protagonista.*

Em uma das minhas visitas ao meu compadre Ugo Kusnet na Argentina, eu vi na quinta uma peça que havia estreado na terça – *El Protagonista*, de Luis Augustoni. Eu adorei a peça e fiquei querendo fazer. Logo arrumei um contato através do Ugo, pedi os direitos e o autor não quis ceder. Fiquei insistindo mais um ano, até que ele capitulou. Estava surgindo o patrocínio no teatro brasileiro, como relatei, desde o fim da década de 80. Traduzi a peça e resolvi fazer um jantar para o João Madeira, que era amigo da minha mãe.

À *la* Flávio Rangel, li todos os personagens, ele adorou como eu fazia aquilo e me deu o patrocínio da Shell. Consegui minha amiga Jacqueline Laurence para dirigir. Só não dirigi porque senão o elenco ia se sentir muito em desvantagem. O elenco ia achar chato, *esse cara protagoniza, dirige e produz, pera aí, alguma coisa está errada*. Minha amiga Jacqueline Laurence fez esse serviço, chamei meu amigo Cláudio Torres Gonzaga para fazer a cenografia, Maria Helena Araújo para gerenciar a produção, pois já tínhamos feito trabalho antes com muita alegria e montamos o elenco.

Cena de O Protagonista, com Thelma Reston

No exato momento em que começamos a ensaiar, com o dinheiro do patrocínio depositado na conta, veio o Plano Collor. Não tínhamos mais dinheiro para nada. Graças à habilidade da Maria Helena e a ajuda do Sindicato, transformamos a porcentagem com que todos estavam trabalhando em um preço fixo, criamos uma folha de pagamento, pois assim podíamos liberar o dinheiro. Quando ninguém tinha dinheiro, nós pagamos adiantado, *cash*. Foi uma farra. E a peça estreou. Tivemos um lançamento bom, eu consegui até que o autor viesse pra estréia, foi no Shopping da Gávea, no Teatro Clara Nunes, porém mais uma vez o preconceito contra a Argentina falou mais alto.

Ninguém dá muita bola não, não há interesse pelo que seja cultural da Argentina, o que é uma bobagem. Eu estou chegando agora de lá, vi dois espetáculos de teatro: sábado eu vi um com cinco atores, uma casa lotada que não cabia mais ninguém, um teatro muito bem feito. Domingo eu vi uma peça de 10 atores, com pouquinho mais de meia casa, porque era último dia, véspera de volta às aulas. Eles fazem teatro sem patrocínio algum, com sessões de quarta a domingo e duas no sábado, eles estão em plenos anos 70 brasileiros. E Buenos Aires em 2008 tem mais de 300 espetáculos em cartaz, o que é mais do que a produção inteira de Rio e São Paulo. Eu sei que eles ainda têm o teatro como uma força atuante vigorosa dentro da sociedade, o que nós não temos mais. O que por vários anos achei que era um sinal dos tempos, mudou agora depois desta ida a Buenos Aires. Fomos nós, no Brasil, que deixamos o teatro passar.

Eu quero registrar uma coisa: em *O Protagonista*, quis fazer duas sessões no domingo e fiz. A minha amiga Renée de Vielmond, que estava no elenco, ficou muito chateada, ela não queria fazer duas sessões no domingo, o que já muita gente não fazia. Ou seja, além de escolher a peça para agradar ao patrocinador e não ao público, o teatro deixou de ser a tribuna de debates porque não estava nem aberto às terças, quartas e quintas e não se fazia duas sessões aos domingos. Depois não se fez duas ao sábado, foi se trabalhando cada vez menos, até o teatro não ser mais importante para ninguém, nem para a platéia, nem para ator que esteja começando a carreira.

Se você tem uma fábrica de sapatos, ela deve se sustentar com a venda de sapatos. Se a gente faz um espetáculo, deve se sustentar com a venda de ingressos, e não com dinheiro que vem de fora, pois isso faz perder a autonomia econômica, a força e independência.

A peça foi sucesso em toda parte, aqui não deram bola. Não sei se o fato de não ter uma grande estrela encabeçando o elenco influenciou. Porque eu não era uma grande estrela, como não sou. Eu estava querendo vir a ser, a peça foi feita logo depois de *Top Model*, que foi uma novela de muita força, e eu vinha de pouco tempo de *Roda de Fogo*, tinha muito nome na televisão, mais do que jamais tive. Mas a peça não foi aquela maravilha esperada, eu fiquei meio desapontado e deixei para lá. Em *O Protagonista* só tive um resultado positivo financeiro porque sei produzir. Aliás, sabia. E teve o dinheiro do patrocínio, então não tive que amortizar o investimento. Ficou tudo bem, mas ali morreu, ali ficou. Foi a minha grande experiência de investir em mim, no meu nome, como protagonista em uma produção minha. Desisti totalmente de produzir, não sabia fazer mais, não sabia correr atrás de patrocínio, não entendia os meandros dos editais. Digamos que desde então só vendo meu corpinho. Dependendo do convite aceito com muito prazer.

A minha vida pessoal estava mudando também bastante naquela época. Fiquei sozinho um tempo, descasado, tive uma pneumonia durante a temporada da peça, aprendi meditação transcendental e logo depois de *O Protagonista* fui chamado para dirigir uma novela, *Araponga*, na qual eu comecei a namorar a Nancy Galvão, que já era minha colaboradora em diversos cursos, e é a minha mulher até hoje. Inclusive nos casamos de papel passado em 2006. Nancy é minha companheira, alguém com quem tenho muitos projetos em comum desde 1990. E para sempre.

Com Irene Black, diretora de arte e grande amiga, nas gravações de Araponga

Cecil ladeado pela mãe e por Nancy Galvão, e cercado por toda a família, no dia do casamento. Da esquerda para a direita, fila de cima: o tio Heraldo Portocarrero, a prima Mônica, os filhos Miguel e João, o primo Kiko e o filho Carlinhos com o neto Bernardo. Na fila de baixo: Lara, neta de Heraldo e Terezinha, sua mulher, a filha Luísa, o sobrinho Rodrigo, a irmã Bárbara. E à direita, mais abaixo: os netos Juliana e Vitor, a sobrinha Camila, a nora e madrinha de casamento Isabela Garcia com o neto Francisco no colo.

Em *Araponga* trabalhei respondendo diretamente ao Daniel Filho. Era uma novela em um horário independente de núcleo. Voltaram com a novela das 10, para brigar com *Pantanal*, que estava estraçalhando a audiência. A Globo ficou aguerrida. Dias Gomes escrevia a novela junto com Lauro César e Ferreira Gullar. Eu levei a minha equipe de *Sassaricando*, exigi isso. Eu precisava de uma equipe bem entrosada, pois entre me convidarem e a novela entrar no ar se passaram somente quatro semanas. Uma loucura! Os cenários foram feitos por cenógrafos diferentes, para cumprir o prazo. Cada ambiente tinha um jeitão. Então em vez de ter unidade da obra tinha uma pluralidade da vida, uma casa de um jeito, um escritório de outro, o que resultou bem interessante.

Araponga brigou, mas não foi um grande sucesso. Dizem que o público não aceitava Tarcisio Meira fazendo palhaçada, sendo bobão. Aliás, ele ficou esperto depois do capítulo 70. A gente estreou com 17 pontos, chegamos a fazer 22, mas não era uma novela que agradasse, de sucesso. Foi a minha segunda e última direção na Globo.

Muita gente me pergunta como um diretor tão preocupado, meticuloso, filigranado pôde trabalhar na televisão. Não sou nada disso. Eu sou, sim, um diretor atento para entender exatamente o que o autor quer dizer, a função de cada personagem.

A filha Luísa em Araponga

Com isso tenho cuidado, sou dedicado e meticuloso. Agora, quanto aos aspectos de iluminação, fotografia, câmera eu sou meio relaxado. Nunca foi o meu forte, nunca fui um formal. Eu não dou muito valor à forma. Dou valor ao conteúdo. A forma tem que ser em decorrência do conteúdo. Vale para tudo a minha colocação que o entendimento do texto é a base: o que o espectador vai receber, por quais caminhos você vai conduzir, o que você quer mostrar, que aspecto da vivencia humana você quer abordar. Isso é o que importa.

É claro que na televisão tudo é feito com mais rapidez. Não dá para ficar discordando demais de um ator. Eu adoro dirigir atores e não abri mão disso na televisão. Mas quando achava que a cena estava enfocada errada, ou os atores tinham confiança, acreditavam em mim, ou se decidissem teimar, teima uma, teima duas e vai ao ar assim mesmo. Vai para o julgamento do público, ou da crítica, ou dele mesmo que vai se ver. Não dá tempo de ser diferente.

Essa, aliás, é uma das razões pelas quais eu adoro fazer novela como ator. Faço o que eu quero. O diretor não tem tempo para ficar moldando muito, a gente faz que sim, mas acaba fazendo do jeito que quer. No decorrer da novela, você tem a mesma liberdade que tem durante a temporada de uma peça, porque o diretor não está lá. O ator aceita o ponto de vista, a visão do espetáculo, incorpora e ela passa a ser dele. A cada noite você tem um espaço para fazer o espetáculo. É um espaço bastante parecido com a execução de uma peça de música clássica: as notas e os intervalos estão todos escritos. Você põe a sua alma ali dentro e fica uma beleza ou uma coisa medíocre. Essa é a liberdade que o intérprete tem, tanto nas artes cênicas quanto na música.

Como ator, sigo a orientação geral, mas tenho que ter o espaço para o meu solo de violino. Eu não vou desobedecer ao maestro, mas eu quero poder fazer a minha parte. E como diretor dou, sim, espaço para a subjetividade do intérprete.

Quando ainda estava envolvido com *Araponga* filmei *O Escorpião de Ouro*. Em *Sassaricando* eu conheci um italiano louco chamado Giancarlo Bastianoni que tinha sido dublê do Les Baxter, quando ele fez carreira na Itália. Depois ele coreografou as pancadarias do *Trinity*, e acabou dirigindo umas cenas de ação em *Sassaricando*. Giancarlo era fantástico, fiquei fã dele e amigo. Quando fui fazer *O Protagonista*, tinha uma cena de luta enorme, e ele ensaiou a gente – era uma briga que durava três minutos e tirava o fôlego do público. Pancadaria mesmo comendo solta, cinco pessoas envolvidas, enfim, era um negócio bem bacana. Surgiu o filme e como ele tinha feito a peça sem receber nada, uma mão lava a outra lá fui eu para o set de *O Es-*

corpião de Ouro (*Caccia allo scorpione d'oro*). Era um filme italiano classe Z, falado em inglês, e eu fazia o Coronel Olivares. Todo mundo viu esse filme, porque vivia passando na televisão. Era uma aventura na Amazônia que foi filmada aqui em Sepetiba, uma farra. O diretor era o Umberto Lenzi e ele tinha um assistente que era mais ou menos da mesma idade. Os dois juntos somavam uma idade avançada. Parecia que eles acordavam, se vestiam, tomavam café naquele hotel fantástico, para ir para a locação brigar, porque era o que eles mais gostavam de fazer. Um gritava com o outro o tempo todo. Era engraçado, para quem não tinha nada a ver com isso era muito divertido ver os dois. Foi bom ter feito este filme.

Depois de *Araponga*, a Globo voltou a cogitar de eu dirigir. Eu não quis mais. É poder demais e isso não me interessava mais. Além disso, sempre eles me pagavam a mesma coisa para dirigir ou para representar. O salário era o mesmo. Ora, dirigir você trabalha seis dias por semana, de 12 a 16 horas por dia, e representando você trabalha oito horas, de dois a quatro dias por semana. O que você acha que eu queria? Eu já tinha enfrentado desafios e aí me escondi mesmo.

Quando fui chamado para fazer *Pedra Sobre Pedra*, do Aguinaldo Silva, pensei: *oba entrei na turma!* Eu queria muito fazer parte daquela turma que fazia novelas picarescas: Armando

Com Nívea Maria, em cena de Pedra Sobre Pedra

Bógus, Lutero Luiz, Lima Duarte. E fui fazer a novela todo animado. Mas o meu trabalho não foi satisfatório. Eu era o prefeito, casado com a Nívea Maria, que tinha um caso com o Fábio Jr.. Mais um corno na minha enorme sucessão. Fiz um pouco a sério, eu deveria ter feito um pouquinho mais a sério, com a paixão a mais, para dar um resultado de humor. Como o Lima e o Bógus e tantos outros faziam perfeitamente. A novela foi bem sucedida, bem representada.

Quando a novela estava perto de terminar, o meu amigo Paulo Autran me convidou para dirigi-lo numa peça *O Céu Tem que Esperar* em São Paulo.

Cenas de Pedra Sobre Pedra, com Lima Duarte, Maurício Mattar e Eva Wilma (acima), e Isadora Ribeiro e Nívea Maria (à direita)

E tinha data para estrear, tudo preparado e o Paulo não queria saber – *você tem que estar aqui*. Liguei para o Aguinaldo e pedi: *dá para você me circunscrever em cenografia para eu gravar só um ou dois dias por semana?* Silêncio. Um belo dia abro o script e meu personagem diz assim: *Não quero mais saber dessa história não, vou-me embora*. E fui embora. Decididamente eu não estava na turma. No que eu fui embora, a Globo não renovou comigo, foi a gota d'água. Demorei a entender mais uma vez: não posso pedir para o autor, porque ele não vai compreender que a novela dele venha em segundo plano. Eu tenho que botar a novela dele em primeiro plano, essa política eu não sabia fazer. Fazer a coisa certa era muito difícil, sempre fiz o que o meu impulso me mandava. Aí me mandaram para a rua.

Estávamos no segundo semestre de 1992. Eu tinha 49 anos, falei para o Ary Nogueira, que era meu amigo, *estou fazendo 50 anos vocês vão me deixar sem contrato?* Fui ao Mário Lucio, a todos os meus amigos e alguém me botou mesmo para fora. Anos depois eu cheguei à conclusão que tinha sido o Paulo Ubiratan, mas não tenho certeza. Você nunca fica sabendo direito na Globo quem te cortou, mas não renovaram mesmo comigo.

O Céu Tem que Esperar era uma peça que Paulo tinha visto nos Estados Unidos com George

C. Scott e decidiu montar aqui. Foi ótimo ter convivido com ele e com um elenco muito bom, em uma produção apurada. Paulo fez do jeito que ele queria, e eu queria fazer para ele. Fiquei muito grato por ele ter me escolhido para dirigir. Paulo fez 70 anos durante a temporada. Ele fazia espetáculo nas terças, quartas, quintas, sextas, duas no sábado, e duas no domingo. A essa altura, pouca gente fazia isso. E tinha público. Meia casa na quarta-feira, junto com a meia casa da quinta, com a meia casa da primeira de sábado e da primeira de domingo, são duas casas. Não se joga fora duas casas cheias. Paulo sabia disso muito bem.

A peça ficou um ano em cartaz. Pensei: *Ok, estou sem a Globo, mas estou com dinheiro.* E caiu nas minhas mãos um convite para fazer um seriado chamado *Cupido Eletrônico*, uma produção de uma empresa chamada Septimis, que realizava para a RTP portuguesa. Dá para imaginar o prazer que tive em dizer para o meu amigo Ary: *ainda bem que vocês não me contrataram, porque eu não ia poder mesmo.* Em resumo, bastou eu sair da TV Globo que imediatamente comecei a ganhar bem mais.

Cupido Eletrônico era um *sitcom* com Tônia, Zé de Abreu e quatro atores portugueses. Foram 23 episódios que gravamos aqui em Água Grande, nos estúdios da Manchete, que havia sido vendida pelos Bloch (depois eles retomaram, porque os compradores não pagaram). Estava uma confusão enorme, não havia dinheiro para nada, as equipes entraram em greve. Mesmo assim a gente conseguiu gravar em PAL que era o sistema português, uma aventura, digna dos tempos de Cinema Novo. *Cupido Eletrônico* foi feito, exibido, fomos a Lisboa lançar, minha mãe e eu, um sucesso absoluto. Os produtores resolveram nos recontratar para fazer mais 23 episódios. Assinamos o contrato, recebemos 25%, no caso de não ser feito receberíamos mais 25%. Nunca vimos a cor desse dinheiro, levamos um beiço de um cidadão português chamado Duarte. Depois passaram a primeira temporada no canal Internacional, dessa vez sem nos consultar e sem nos pagar. Sem autorização e sem pagamento.

Quando voltamos de Portugal, Maria Duda apareceu com uma peça que batizei de *Entre Amigas*. Fizemos um espetáculo bem interessante, musical, sem patrocínio. Maria Duda é uma autora que não conseguiu emplacar muita coisa não. Uma figuraça. Tínhamos um elenco feminino, música com Fafy Siqueira e Sarah Benchimol, Regina Restelli, que cantava magnificamente na peça, Cláudia Mauro, Rita Guedes, Helena Ranaldi, e Nani Venâncio, que tinha feito abertura de Pantanal, a moça pelada dentro d'água. A peça até que agradou, mas as meninas não queriam fazer duas sessões no sábado.

Eu vendi minha parte na produção e saí fora porque ninguém queria mais saber de teatro.

Depois de *Entre Amigas,* Nancy e eu fomos passear. A gente adora viajar. Na volta já tinha um compromisso: *Ela é Bárbara*. Minha mãe queria fazer a peça em São Paulo – porque meu filho João estava lá, mas ela inventou que só podia ser lá, porque já havia sido apresentada aqui com a Eva Todor. Eu fiz uma nova tradução, adaptei, mexi na peça, musiquei com a mesma Sara Benchimol, parecia um musical americano. Acho que era um bom espetáculo, tanto que fez boa carreira em São Paulo. *Ela é Bárbara* foi feita inteiramente sem patrocínio, só contava com o dinheiro da bilheteria, dez pessoas no elenco. Era um espetáculo muito caro, minha mãe arcou com o ônus disso, sei lá como, mas arcou. Enquanto isso me chamaram para fazer a novela *Renascer*, e eu pude trabalhar para ela sem cobrar.

Entrei na novela para fazer um papel e saí em cinco meses. Foi prazeroso, estreitei amizade com Herson Capri, contracenei com o Fagundes mais uma vez, com Patrícia Pillar, que é um encanto de pessoa, adorava contracenar com ela, viajei algumas vezes para Ilhéus e tive muito prazer em estar na novela. De verdade.

No final de 1993 fui convidado para mais uma aventura: uma novela feita por uma produtora independente, a TV Plus, para ser exibida na

Cenas de Renascer, com Antonio Fagundes

TV Manchete. Era uma abertura de mercado e achei ótimo estar dentro desse processo. Lá fui eu, também ganhando mais do que ganhava na Globo. Fiz a novela quase inteira. Havia, porém, um cara muito louco, também encantador, que inventou essa coisa toda, Sérgio Weissman. A residência dele era em Londres. Nunca trabalhei com alguém que interferisse tanto no trabalho, chateou desde a escalação de elenco. Eu abri teste, Murilo Rosa foi aprovado, mas ele não queria. Tive uma briga com ele, o Murilo ficou e é o sucesso que é hoje, um dos poucos acertos da novela. O Sérgio ia para a edição e mudava tudo. Ele achava que sabia mais do que qualquer um de nós. Foi muito chato. Até o momento em que ele botou outro diretor em meu lugar, e queria que eu ficasse na supervisão. Pedi meu boné, fui embora. Ele nunca me pagou *merchandising*, 13º, férias. Os atores entraram conjuntamente com um processo, ganharam, ele fechou a TV Plus e voltou para a Inglaterra.

Estava de novo sem contrato algum e me convidaram para filmar *O Quatrilho* de Fábio Barreto. Era carnaval de 1994 e fui até a um baile no Rio Grande do Sul. Minha convivência com Barretão foi excelente e quase conseguimos trabalhar juntos. Essa história se mistura com o outro trabalho meu: a peça *Capital Estrangeiro*, do Sílvio de Abreu, que escreveu para o Edson Celulari. A Claudinha, querida, deve ter buzinado no ouvido do Edson que eu seria bom para dirigir o espetáculo. Sílvio aprovou. Éramos todos muito amigos e foi um prazer enorme. Aliás continuamos amigos até hoje. Edson, Cláudia e Sílvio são pessoas que, definitivamente, moram no meu coração.

Liguei inúmeras vezes para o Sílvio, chato eu, para entender melhor o texto. Sílvio já estava ocupadíssimo escrevendo a novela *A Próxima Vítima* se encheu de mim e disse: *Não posso mais falar contigo, se vira, faz o que você quiser, faz o que você puder, faz o que você achar que deve.* E eu fiz. E me saí bastante bem. A peça era uma comédia sem rasgo, mais à la Sílvio de Abreu. O elenco era fantástico: Edson Celulari, Patrícia Travassos e Hélio Ary. Como faço sempre ia somente uma vez por mês ver o espetáculo e, ao contrário das minhas experiências anteriores, estava cada vez melhor. Eles iam mudando, mudando e cada vez era mais engraçado. Eu só tinha elogios para esse elenco. A peça ficou um ano em cartaz, casa lotada, todo mundo vinha abaixo de tanto rir.

Um dia levei Barretão para ver o espetáculo – e aí as duas histórias se juntam. Ele ficou louco ao ver como a platéia reagia bem. Ele me acenou com a possibilidade de fazer um filme e eu adorei: transformei a peça em um roteiro para cinema todo animado. Ele estava todo animado também, mas foi desistindo, desistindo, desistindo e... desistiu. Foi a última vez que eu quase dirigi um filme. Confesso que contei com isso, fiz boca de dirigir, lamentei muito quando não aconteceu. Não deu, não deu. O que se pode fazer?

Viajar. Em outubro de 1994 fiz minhas malas e fui com Nancy para a Europa. Tinha acabado de acontecer o Plano Real e a gente teve a felicidade de viajar com o dólar a R$ 0,85. Estávamos ricos. Rodamos a Europa inteira. A peça comendo solta aqui e eu me divertindo com a minha porcentagem na Europa.

Foi pelas mãos do Sílvio de Abreu que eu voltei para a Globo. Quando estávamos ensaiando a peça ele me disse: *Você vai fazer a minha nove-*

la. A Próxima Vítima estreou e eu não estava no elenco. Fiquei de bico calado, não ia cobrar nada, já estava muito feliz em dirigir a sua peça. Só fui entrar no segundo mês, com um bom papel, discreto, que atravessava toda a novela. Tinha muita gente boa na novela – Suzana Vieira, Lima Duarte, José Wilker, Aracy Balabanian, Tereza Rachel, Yoná Magalhães, Guarnieri – aliás, foi um prazer estreitar laços com ele, um ator que sempre admirei demais. Eu era, digamos assim, o oitavo nome masculino do elenco. Tudo girava em torno dos diversos assassinatos que aconteciam ao longo da novela. Uma vez estava em São Paulo e uma senhora me perguntou quem era o assassino.

Cenas de A Próxima Vítima, *com Lugui Palhares*

Olha, minha senhora, não vai ser difícil adivinhar. Deve ser um dos atores principais, porque ele não vai criar esse caso todo para o assassino não ser um dos mais importantes papéis da novela. Era eu o assassino... E eu não sabia ainda. Acho que nem mesmo o Sílvio.

O elenco, ao longo da novela, recebia os capítulos sem as cenas de assassinato. Nós não sabíamos quem morria. Quem era a próxima vítima. Mas saía na imprensa quem ia morrer, saía tudo. O que o elenco não sabia, a imprensa sabia. O Sílvio de Abreu, por uma escorregadela de um jornalista, ficou sabendo que eles tinham informação através do pessoal que trabalhava copiando os capítulos. E mais: descobriu que esse pessoal estava bem de vida. Os jornais pagavam dois mil dólares por cada bloco de capítulos. O povo da copiadora tirava 10 a 15 mil dólares por semana vendendo os capítulos. O Silvio falou com o Boni: *Olha, ou você dá um jeito nisso ou eu vou vender os capítulos, eu quero esses 15 mil dólares pra mim.* O Boni demitiu todo mundo, e a partir daí a imprensa não sabia mais nada.

No dia da gravação do último capítulo, o elenco todo foi convidado. Todo mundo ficou no estúdio, para que o final não vazasse. Jorginho Fernando havia pensado em colocar o final ao vivo, mas viu que não dava e decidiu gravar na tarde do dia em que o capítulo ia ao ar.

Fomos para a emissora, o cenário estava montado, o elenco inteiro disponível e o Sílvio com as páginas debaixo do braço começou a entregar as cenas para os atores. Deu as páginas para mim e disse: *vê lá o que você vai fazer, hein!* Eu arregalei o olho, não acreditei. Era eu o assassino.

O elenco inteiro entrou no estúdio. Paulo Betti me deu dois tiros nas costas. Eu, que conhecia bem os estúdios, saí pelos fundos, troquei de roupa e voltei para o cafezinho. Então a gente continuou confundindo todo mundo, ninguém conseguiu descobrir o final. Foi bem legal, ninguém sabia mesmo, parou o país. Eu cheguei em casa e falei para o meu porteiro – *o assassino sou eu*. Ele riu. Liguei para a minha mãe e disse que era o assassino. E ela: *Deus te proteja, meu filho*.

Na verdade, agora confesso, acho que não era para ser eu. Tanto que em Portugal – que passou a novela com uma certa defasagem – e no *Vale a Pena ver de Novo* o assassino foi o Otávio Augusto, o que fazia até mais sentido. Mas saiu publicado na imprensa que Otávio era o assassino. O Arthur Xexéo acho que tinha visto o filme ou lido o livro no qual o Sílvio tinha se inspirado e colocou no jornal. O Sílvio não teve dúvida: mudou o final.

Para mim, foi a glória. Eu andava pela rua e ninguém resistia: *Assassino! Assassino!* Durante uma semana eu fui o cara mais famoso do Brasil. O *Fantástico* me telefonou que queria gravar uma reportagem comigo. Eu respondi que estava sem contrato e não tinha obrigação de fazer nada. *Estou em Rio das Ostras acompanhando a reforma do meu restaurante*. E eles: *mas o Fantástico vai lá.* Eu, bem vedete, porque podia naqueles parcos dias de fama: *Tem cachê? Claro que tem cachê!* Glória Maria foi até lá e fez uma reportagem muito feliz, bem humorada. Meu filho Miguel estava comigo e disse: *Ah, que bom que meu pai matou tanta gente.* O lançamento do restaurante – que tinha em sociedade com Ginaldo de Souza, sempre o Ginaldo - foi um estrondo por causa disso. Quando a gente abriu, não tinha mais lugar para mais ninguém, uma maravilha. Eu ganhei um agradecimento da Câmara de Vereadores de Rio das Ostras por ter levado o *Fantástico* lá. Foi ótimo. E com cachê. Só porque estava despeitado porque não era contratado.

Sílvio de Abreu fez uma novela de sucesso, embrulhou, botou uma fitinha e jogou no meu colo. Sou grato a ele. O sucesso de *A Próxima Vitima*, revigorou a minha carreira de TV. Fui contratado em seguida para fazer *Quem é Você*, como um dos cabeças de elenco. Quem sugeriu meu nome para o elenco e me recontratou foi o Paulo Ubiratan.

Ele, que acredito tenha me colocado para fora, me botou para dentro de novo. Aliás, é assim que funciona na Globo. Quem despede é quem recontrata.

Quem é Você era uma novela de Solange Castro Neves, uma discípula de Ivani Ribeiro, dirigida por Herval Rossano. A novela teve problemas, o Lauro César foi chamado, enfim, não deu muito certo. O curioso, pelo menos para mim, é que a novela começava no passado quando uma turma de quatro pessoas vivia determinada coisa. Vinte anos depois se retomava essa história e havia ecos daquele passado.

Cena de Quem é Você

Cenas de *Quem é Você*, com Júlia Lemmertz e...

... e com Mylla Christie

Só que escalaram nessa turminha de quatro: as mulheres Elizabeth Savalla e Cássia Kiss; e os homens, eu e Alexandre Borges. Cássia e Elizabeth são bem mais novas do que eu. Alexandre tem idade quase para ser meu filho. Alexandre fez uma força danada para envelhecer e eu tinha que remoçar. Lá fui eu atrás do meu peruqueiro, consegui fazer uma peruca, que ficou bem. Coloquei a peruca na cabeça, olhei no espelho, fiquei olhando e não estava legal. Aí eu sorri e ficou perfeito. Pela primeira vez eu construí um personagem de fora pra dentro.

E foi assim, em 1996, aos 53 anos de idade que descobri que a minha cara amarrada havia fechado muitas portas para mim durante a vida. Quantas portas deixaram de se abrir por eu ser carrancudo!

Quando começaram os testes, a preparação para a gravação, eu saí pelos corredores do Projac, sorrindo. E para quem eu sorria recebia um sorriso de volta. *Meu Deus, como é que eu não pensei nisso antes. Esse cara sorri, por que ele sorri? Porque ele quer o bem das pessoas. Vamos lá. Acredita. Vai lá. O que você tem de bom, vamos ver.* E com essa postura fiz um cara simpático, e desenvolvi uma criação de personagem que virou de dentro para fora. Mas tudo começou de fora para dentro, para adequar a peruca. Um aparte – a peruca era toda encaracolada, eu achei horrível.

Até hoje, de vez em quando, eu me lembro de sorrir. Mas o meu jeitão é esse, carrancudo, com as feições duras, e todo mundo supõe um rigor que eu realmente não uso. Eu sou uma pessoa rigorosa, sou cumpridor, sou Caxias, mas eu não sou tão exigente quanto pareço mesmo. Até na CAL, no começo de semestre há uma certa evasão da minha turma com medo da minha cara. De óculos, então... Mas devo confessar que passei a ser mais sorridente depois que Marcelo Fonseca ajeitou os meus dentes, tenho um agradecimento a ele, que fez um trabalho lindo. Meus dentes estavam gastos com o tempo, embaixo era tudo muito torto, e ele me deu uma terceira dentição, cobrindo todos os meus dentes. Viu, que sorrisão!

Quando eu fazia *Quem é Você*, Daniel Filho me convidou pra dirigir o *Sai de Baixo*, que era um projeto dele. Tivemos algumas reuniões com Boni para discutir o programa. Fui para São Paulo, Teatro Procópio Ferreira, fazer a primeira montagem de cenário. Eu montei a equipe de teatro, uma parte da equipe de TV, fizemos um programa com um elenco postiço, para mastigar todos os problemas. Assim quando as estrelas chegassem não haveria problema. O elenco de estrelas chegou com o Daniel Filho e pediu a minha cabeça. Acho que, principalmente, Luis Gustavo e Claudia Jimenez, que havia sido lançada no *Viva o Gordo* por mim. Ela era muito indisciplinada, tinha sido demitida, mas eu ainda tinha um bom relacionamento com ela. A Aracy quem botou no programa fui eu, não acredito que possa ter se insurgido contra mim. Marisa Orth também não. Com Falabella sempre tive um relacionamento franco e aberto. Luis Gustavo ficou zangado comigo acho, porque me achava um chato. Junto com a Cláudia pediram a cabeça. Nunca foi me dito quem me decapitou, eu queria saber o que tinha acontecido, não é comum um elenco se rebelar contra o diretor antes de começar, mas ninguém queria conversar a respeito, não havia clima. *Sai de Baixo* não consta nem do meu currículo, mas aqui não poderia deixar de contar.

Quando acabou *Quem é Você*, achei que meu contrato não seria renovado. Mas foi. Ao mesmo tempo, a Elizabeth Savalla, com quem tinha acabado de fazer a novela, junto com seu marido, Camilo Átila, estavam decididos s remontar *É*, peça de Millôr Fernandes, um grande sucesso da carreira de Fernanda Montenegro. O Camilo, que tinha lá muitas idéias, havia feito cortes na peça, que chamou de adaptação; tinha feito uma cenografia, que chamou de concepção. E queria que eu dirigisse para ele a montagem. *Como é?* – perguntei. *Você marca, dirige os atores e faz o papel.* Depois, Camilo queria que eu assinasse a direção dos atores e ele assinasse a direção geral. *Não, cara, não dá para o teu nome ser mais importante que o meu. Faz o seguinte, eu faço e não se bota nome nisso, eu prefiro*. Ele adorou. Ele assinou a direção que eu fiz pra ele, mas, para ser verdadeiro, me pagou a porcentagem por isso. Estreamos em Belém e fizemos em Manaus, São Luis, Fortaleza, enfim, viemos descendo até Ilhéus, e foi uma viagem maravilhosa. A companhia era bem organizada, eles tinham permuta com os melhores hotéis, as melhores produções locais. Nancy estava no elenco e na época estava fazendo faculdade e isso não foi um problema. Tínhamos passagens de sobra. Ela continuou cursando o semestre, porque a gente saía do Rio na quarta-feira à noite, viajava de madrugada, chegava na quinta, fazia as reportagens que tinha que fazer, se apresentava quinta, sexta, sábado e domingo. De madrugada, voltávamos e ela ia à faculdade entre segunda e quarta. Tudo certo! Foi uma viagem deliciosa, Elizabeth se desincumbia da divulgação, de vez em quando eu era solicitado, estávamos em cidades lindas, em restaurantes ótimos, hotéis maravilhosos, passeando o dia inteiro. Viajar com teatro é uma maravilha, e essa foi inesquecível. Foi uma lua-de-mel para mim e para Nancy.

Na hora de estrear no Rio, eu tinha que fazer *Zazá*. Camilo achou que era melhor me substituir, substituir Nancy e saímos fora. Eles ficaram com a peça por mais sete anos, voltaram a todas aquelas praças. Elizabeth trabalha muito, ela e o Camilo fazem um negócio altamente profissional, há mais de 20 anos viajam com bastante sucesso.

É uma vida de mala nas costas que deu certo. E a minha participação no *É* foi bem prazerosa, mesmo com todos os problemas de assina, não assina, continua ou sai. Tudo foi compensado pela boa produção e pela honestidade, não ficaram nos devendo nenhum tostão. Elizabeth é uma amiga e o Camilo também. Em que pese tudo, continuamos amigos, acho até que a amizade se consolidou.

Foi legal fazer *Zazá*. A novela em si não foi muito bem, mas o meu personagem era do núcleo cômico e cresceu bem dentro da novela. Eu fui bem dentro da novela que não foi bem. Não adianta muita coisa, mas sempre é bom. Era uma novela do Lauro César e eu contracenava com Louise Cardoso, um prazer enorme; com Silvia Bandeira, uma amiga desde sempre (ela faz aniversário no mesmo dia que o meu filho João, por isso nunca estou na festa dela); fui dirigido mais uma vez pelo Jorge Fernando, de quem eu gosto demais. E tive o privilégio de contracenar com Fernanda Montenegro. Eu fazia um dos filhos da Fernanda, que era Zazá, e foi uma convivência maravilhosa. Eu já tinha trabalhado com Fernanda na *Volta ao Lar*, em 1967. Conviver com ela é prazeroso e contracenar, uma delícia. Fizemos uma boa camaradagem, já éramos amigos, ficamos mais amigos ainda. Foi muito importante para mim ter essa reaproximação de Fernanda.

Cena de Zazá

Cena de Zazá, com Fernanda Montenegro e Alexandre Borges

Cena de Zazá, com Antonio Caloni, Fafi Siqueira, Vanessa Lóes, Júlia Lemmertz, Alexandre Borges e Raquel Ripani

E um dia, em meio à novela, eu tive o privilégio de gravar o dia inteiro com Fernanda e correr pra Sociedade Brasileira de Autores Teatrais fazer uma leitura com a Marília Pêra. Representei com as duas no mesmo dia. Isso eu não esqueço.

Meu grande aprendizado sempre aconteceu observando atentamente como os colegas se viram para sair das enrascadas. As orientações dos diretores também sempre foram fundamentais, mas minhas universidades foram – e sempre serão – entender como os atores fazem e tentar colocar em termos racionais.

Quando a novela acabou, fui convidado por Tereza Teller para a remontagem de *Com o Coração na Mão*, de Lina Rossana Ostrovsky, que rebatizei de *Minha Futura Ex*, uma peça ótima sobre duas pessoas que ficam presas em um elevador. A Tereza já havia feito em São Paulo com direção de Odavlas Peti e tinha o cenário, o plano de iluminação, a trilha sonora, as marcações e ela mesma. Herdei essa direção do Odavlas, mexi em pouca coisa, só me ajeitei lá dentro.

Fizemos a peça em um teatro pequeno na Zona Sul do Rio de Janeiro. E acreditamos: havia sessões de quarta a domingo, com duas sessões no sábado. E acredite: 25% da receita vinham das sessões de quarta e da primeira de sábado. Não se pode desprezar 25% da receita! Tivemos boas críticas, o que nos animou para fazer uma excursão. Só no Rio Grande do Sul nos apresentamos em 14 cidades. Uma maravilha.

Na Globo, como havia assinado um contrato por um tempo mais longo, fui fazer *Malhação*. Não deu muito certo, porque no meu núcleo estava o Castrinho, que entrou em litígio com a casa, e essa parte da história logo desapareceu. Aí comecei a fazer participações, gravações de um ou dois dias: em *Labirinto, Chiquinha Gonzaga, A Muralha*, por exemplo. É óbvio que eu queria ser mais bem aproveitado. Essas participações não somaram grande coisa à minha carreira. E de participação em participação a minha trajetória na televisão foi descendo ladeira abaixo.

No cinema fiz *Cronicamente Inviável*, um filme do Sérgio Bianchi. Quando li o roteiro, também do Sérgio, achei interessante, mas não acreditei que ele conseguisse fazer um filme. Mas ele fez e muito bem. É um filme que discute a realidade brasileira. E o Sérgio conseguiu fazer isso com clareza. É um filme muito feliz, que fez bastante sucesso.

No teatro, fui convidado e aceitei fazer uma produção de meus amigos da CAL, *Nostradamus*, de Doc Comparato. Não foi um grande sucesso, já havia sido montada em São Paulo, com o Fagundes, mas os produtores decidiram que 1999 seria um bom ano para falar de Nostradamus. O público não estava muito interessado.

Em Malhação, *com Castrinho*

Em A Muralha, *com Pedro Paulo Rangel e Cláudia Ohana*

O século estava acabando e o teatro já estava em completa decadência.

A realidade brasileira tirou o teatro de uma atividade de mercado. Passou a ser uma atividade subsidiada, patrocinada e extirpada pelo poder público, tantas são as meias-entradas, os descontos e tudo mais que são impostos ao empresário particular. Estudante paga meia, sênior paga meia, todo mundo paga meia - o poder público interfere diretamente no preço da minha mercadoria. O poder público abre também, renúncia fiscal e interfere economicamente na atividade toda. Ficamos realmente à mercê deles. Como você vai vender a sua mercadoria se há uma política de preços que não pode ser sua?

Eu, como sou pragmático, decidi que não ia ficar mais dando murro em ponta de faca.

Capítulo VII

Um Novo Século

A Busca por Novos Caminhos

Falei e repeti várias vezes o quanto a minha mãe foi fundamental na minha carreira: generosa, sempre pronta a me ajudar, a estender a mão nos momentos necessários. Meus filhos seguiram os meus passos e, de certa forma, tentei ser para eles o que a minha mãe foi para mim. Evidente que jamais tive a envergadura de uma Tônia Carrero, mas o que pude fazer, acho que fiz. Dirigi um espetáculo para Luisa, ajudei o quanto pude na formação de Carlinhos, Miguel e João, inclusive com a oportunidade que tiveram de fazer intercâmbio, estudar no exterior. Quando Carlinhos escreveu *O Último Suspiro da Palmeira*, achei que merecia ser feito. Norma me ajudou a produzir e todo mundo acreditou no sucesso do espetáculo, mas já estávamos decididamente na fase em que o teatro não dava mais retorno. Foi muito bom para ele, foi muito bom para nós, mas não houve retorno financeiro.

Estávamos ainda em 2000. André Sturm me convidou para fazer *Sonhos Tropicais*. Eu interpretei Rodrigues Alves, presidente do Brasil, e foi bem interessante fazer um filme de época brasileiro. Eu não tinha nenhuma informação sobre Rodrigues Alves, fiz na cara de pau, só tinha o retrato do cara. O André me deu uma cópia do filme em DVD e gostei do resultado.

Minha amiga Maria Adelaide Amaral me escalou para fazer *Os Maias* – eu ainda estava sob contrato na Globo. Começamos a gravar em 2000 e a minissérie estreou em janeiro de 2001. Era um bom papel, mas *Os Maias* não foi sucesso. Eu não sei a que atribuir, talvez ao descaso do Luiz Fernando Carvalho com a narrativa em si. Ele deforma a narrativa em prol da forma. Ele se esmera na forma, mas a narrativa fica embaralhada. Se não é importante acompanhar a história, tudo fica monótono. Todo formalismo resulta monótono. Porque quando você vai a uma instalação de artes plásticas, você entra num lugar que tem um

efeito plástico deslumbrante. Se aquilo te toca muito você fica cinco minutos, dez, meia hora. Você fica o quanto quer e sai quando bastou. Num espetáculo de dramaturgia, de artes cênicas, tem que gostar de ficar mais tempo, até o fim. Senão, muda de canal. *Os Maias* foi bem mal de audiência, fazia nove pontos, o que na TV Globo é uma tragédia.

Além do mais, Luiz Fernando Carvalho tinha quatro meses de antecedência para gravar a série. Caprichou tanto no começo, na primeira fase, que tinha somente oito capítulos, que no final gravávamos no dia o que ia ao ar de noite. Uma loucura.

Em Os Maias, *com Maria Luiza Mendonça (esquerda) e Gisele Itié (direita)*

Eu acho que o Luiz Fernando presta um desserviço à televisão com seu formalismo acentuado, pois cada vez tem menos público para os seus espetáculos.

Praticamente emendei *Os Maias* com *A Padroeira*, novela do Walcir Carrasco, dirigida pelo Avancini. Ele já estava bem doente, magrinho, abatido, fez algumas reuniões, mas não chegou a gravar comigo. Mario Márcio Bandarra, que era o segundo, foi tocando a novela. Avancini foi adoecendo mais e mais, até que nem acompanhava mais a novela. *A Padroeira* ficou um pouco acéfala e não dava grandes resultados por causa disso. O que se tentava fazer era o que se achava que Avancini queria.

Chegou um momento em que a novela foi passada para o Roberto Talma, que deu um corte no elenco, mudou o rumo da novela, mudou tudo. Walcyr Carrasco foi brilhante, porque mudou a novela da água para o vinho, com uma maleabilidade fantástica. Foi eficaz na era Avancini e se manteve eficaz na era Talma. Foi um prazer fazer *A Padroeira* de comédia. Eu já vinha fazendo comédia porque achava que era por aí mesmo. Além disso contracenei com amigos da vida inteira, Otávio Augusto, Suzana Vieira, Elizabeth Savalla e tantos outros.

Cenas de A Padroeira, *com Mariana Ximenes, Murilo Rosa e Gustavo Haddad*

Quando a novela estava quase acabando, recebi um convite do Paulo Autran para dividir o palco com ele em *Variações Enigmáticas*. De novo a mesma situação: Paulo me convidando, eu com medo do meu contrato não ser renovado, enfim, o que havia vivido dez anos antes. Fui conversar com Talma e ele na mesma hora: *Trabalhar com o Paulo? Ah, isso você tem que aceitar mesmo.* Ele avisou à produção que eu só gravava às segundas e terças, o que me possibilitou participar do espetáculo. Roberto Talma me deu esse presente inestimável.

A peça era interessante, com um título pretensioso que atrapalhava muito. *Variações Enigmáticas* – parece que você vai ver um troço chatíssimo. Não era. Era uma peça ótima, do Eric Emmanuel-Schmidt, bem dirigida pelo José Possi Neto. Nós fazíamos com um grande prazer. Era um espetáculo eletrizante, vivo, vibrante.

O Paulo sempre dizia: *eu não faço mais televisão, porque eu enchia teatro antes de fazer televisão, eu enchia teatro enquanto fazia televisão, eu encho teatro depois.* E ele tinha toda razão. Muita gente queria ver Paulo Autran em cena. Ficamos um ano em cartaz. Ele completou 80 anos durante a temporada de *Variações Enigmáticas*. Eu, que tinha tido o privilégio, de dirigi-lo aos 70, agora dividia o palco com ele dez anos depois. Que honra! Que prazer!

Na televisão, depois de *A Padroeira*, meu contrato não foi renovado. Não sei por que caminhos, mas foram me botando para escanteio. Não sou chegado a teorias persecutórias ou conspiratórias, mas nessa última fase fiquei contratado pela Globo de 1995 a 2002. Fui sendo cada vez menos aproveitado e meu contrato foi acabando, acabando. E acabou.

O Dia em que Alfredo Virou a Mão apareceu na minha vida em 2003. Como já contei de um dia para outro assumi o papel que seria do Loureiro na comédia de João Bethencourt. Foi muito bom o desafio de ter conseguido fazer o personagem em tão pouco tempo. Dá uma certa vaidade. Na estréia o João estava sentadinho na primeira fila e me disse depois: *Quando abriu o pano, você estava falando com o psicanalista, eu vi que você tinha entendido o papel.* Eu adorei.

A peça não foi sucesso. Talvez ela fosse um pouco datada, desde o título. Talvez não houvesse mais público para comédias do gênero. O pessoal que ia ao teatro de van estava escasseando. Não havia renovação na platéia. Os tempos haviam mudado mesmo. O teatro conheceu o apogeu no Brasil no século XX: Leopoldo Fróes, João Caetano, grandes companhias, grandes atores, grandes sucessos no início do século XX. Depois vieram Procópio Ferreira, Jaime Costa, Dercy Gonçalves, Eva Todor, os comediantes; Madame Morineau, Delorges Caminha, em companhias fixas que faziam uma peça a cada 15 dias. Quando entrei para o teatro, o TBC já fazia peças que ficavam seis meses, um ano em cartaz. Tônia, Tereza Rachel, Nathália Timberg ficavam dois anos em cartaz, com oito ou nove sessões por semana. Eu vi esse momento de força do teatro. E também vi o teatro se tornar como a ópera ou a música erudita – só com patrocínio. E com um público cada vez menor. Estávamos no século XXI e o teatro estava em seus estertores.

Era tempo de desistir de vez? Ainda não. Quando estava em excursão com Paulo, percebi que ainda restava uma força do teatro nas viagens. Eu e Nancy decidimos fazer um espetáculo com crônicas do Luiz Fernando Veríssimo, que adoro. Ainda confiava na força das comédias. Carlinhos e eu urdimos uma história que ligava os textos do Veríssimo: dois atores, que já haviam sido casados, tinham um filho, e os dois mal de vida se reencontravam para refazer um velho sucesso. O título era apelativo, propositalmente: *Papai Mamãe*. De maio a novembro viajamos com essa peça. Tivemos resultados bons e outros desastrosos. Apesar disso, era muito gostoso de fazer. Nancy e eu nos damos bem trabalhando e vivendo juntos. A gente almoça, janta, dorme, trabalha, faz tudo junto muito bem. Dá certo.

No final do ano, eu e Nancy resolvemos passar as festas em Paris. Estávamos pobres como nunca e, pior ainda, o euro estava valendo R$ 4,00. Miguel tinha ido para Londres tocar a vida, fazer uns cursos, já estava há uns oito meses lá e foi encontrar conosco em Paris. Havíamos alugado um apartamento, comíamos lá e andávamos pela rua. Fomos a um teatro somente, era caro, imagina 80 euros um espetáculo. Mais não dava. Nos divertimos, porém, como ricos.

Um dia o telefone do apartamento tocou. Era o produtor de elenco da novela das oito para me convidar para fazer *Celebridade*. *Que ótimo, dá para eu ficar aqui até o fim do contrato do apartamento? Dá sim, quando você chegar a gente vê.* Eu me achei chiquérrimo, fui convidado em Paris. Entrei para fazer uma participação, contrato de dois meses, caiu do céu. Eu acho que o meu amigo Gilberto Braga, contemporâneo de Colégio Pedro II, percebeu que eu estava querendo ficar na novela, estava precisando do trabalho, e deixou o meu papel até o fim. Isso realmente me deu a base de subsistência para esse ano de 2005. Fiquei muito grato ao Gilberto.

No cinema, filmei com Zelito Vianna *JK - Uma Bela Noite para Voar*. Meu personagem era o General Lott e o roteiro era bem interessante. Mas, assim como o teatro padecia de muitos problemas, o cinema continuava também em uma corda bamba. O filme ainda não saiu.

Participei ainda de *Didi – O Caçador de Tesouros* e fazia o filho do meu filho Miguel. Como? Ele era o fantasma do meu pai. Em uma cena em que nos reencontrávamos, o cinema todo chorava. Foi um filme bem sucedido, ninguém dá bola para os filmes do Renato, mas foi visto por mais de um milhão de espectadores. Participei de um filme do Francisco Ramalho, fiz um tipo nordestino muito especial e adorei. Nunca ninguém havia me chamado para um personagem como aquele. Criei uma máscara grotowskiana, pintei a barba de branco, fiz um sotaque forte, aquela voz de cego do Nordeste, bem transfigurado mesmo. O filme ficou longo e Ramalho cortou a cena, o que me irritou bastante. Não fui à estréia e pedi que nem colocassem meu nome nos créditos, afinal eu realmente não estava no filme. Quando filmei *Carandiru – Outras Histórias* (feito para a televisão) com Walter Carvalho mostrei esse tipo que havia criado. Ele, nordestino, adorou. Ainda em 2005, filmei *Mandrake*, também para televisão, que foi exibido pela HBO.

No meio de isso, ainda participei em teatro de uma produção chamada *Ladrão em Noite de Chuva*, de Millôr Fernandes, com direção do João Bethencourt e dirigi dois espetáculos com os alunos da CAL: *Um Sábado em 30* e *O Jardim das Cerejeiras*.

A televisão. Bem, a televisão.

Fui chamado para fazer *Zorra Total*. Claudio Torres Gonzaga, que dirigiu *Papai Mamãe*, foi cenógrafo de *O Protagonista*, e é um amigo de muitos anos, amizade que fiz através da minha filha Luísa, era redator geral do *Zorra Total*. O Sherman, que trabalhou com meu pai, é um amigo distante, com quem eu cruzo há séculos, dirigia o programa de maneira competente. Fui chamado para fazer um personagem que era do Raul Gazzola, um chefe que interagia com uma secretária burra, interpretada pela Alexandra Richter, ótima atriz e boa companheira de trabalho. Mudaram o nome do patrão, o quadro era engraçado, começou a funcionar e o Sherman gostou. Eu fiquei fazendo um tempão e o cachê era o meu ganho principal, que complementava com as aulas e os filmes que pintavam.

O esquema do *Zorra Total* era o seguinte: eles gravavam pelo menos dois quadros de cada vez, e eu recebia somente um cachê. Um dia decidiram que iam fazer três quadros em um só dia. Chiei. *Peraí você me quer em três programas com um cachê?* O Cesar Lino me telefonou e me perguntou: *O que você quer?* Eu: *Quero que você me contrate*. Ele caiu na gargalhada. Eu fiquei bem ofendido com essa risada. Não era uma coisa nova eu ser contratado pela TV Globo. E, decididamente, não era piada. Eu fui contratado da TV Globo bem antes dele chegar lá.

Eu ser explorado pela TV Globo é que era muito para suportar.

Eu estava em negociação com o SBT para fazer *Canavial de Paixões*, através do Marcos Montenegro, que tinha virado meu empresário, o que nunca eu tinha tido antes, Marquinhos entrou na minha vida em 2005, e entrou muito bem, diga-se de passagem. Um dia me ligaram e disseram: *você tem que vir para São Paulo daqui a cinco dias*. Ponderei que precisava pelo menos de uns dias para organizar a minha vida no Rio. *Não, tem que vir logo. Bom, eu quero um dia pra pensar. Não, não. Então a minha resposta também é não*. De um lado o SBT me pressionando, do outro o Cesar Lino rindo.

Dois meses depois eu estava na Record.

Conversei com Lauro César Muniz, contei que estava sendo esnobado pela Globo, disse que gostaria de trabalhar com ele. Marcos negociou meu contrato e entrei para a Record em dezembro de 2005. Em fevereiro, comecei a gravar *Cidadão Brasileiro*. Quando eu cheguei lá, fui tratado como se eu tivesse trabalhado lá por mais de 20 anos, criado a Casa de Interpretação, dirigido novelas de sucesso, *Viva o Gordo* durante 5 anos, reformulado todo o departamento de elenco. Parecia que tudo aquilo havia acontecido na Record. Numa reunião adorável, Flavio Colatrello deu o microfone na minha mão em primeiro lugar. Por pura gentileza. Enfim, fui muito bem recebido por todo mundo na Record, a começar pelo Iran Silveira, que é diretor de teledramaturgia, inventou o REC-9 e canaliza os grandes investimentos da emissora.

O meu personagem em *Cidadão Brasileiro* foi uma das melhores coisas que fiz em televisão. Sem dúvida, o papel mais difícil que interpretei. Meu personagem se chamava Júlio e era um suicida, uma coisa difícil de fazer. Sua paixão era se matar, ele lutava pra não lutar, deu umas enlouquecidas. Foi bom, contracenei muito com Cleyde Yáconis, de quem passei a ser amigo, com Paloma Duarte, que boa atriz! Ela fazia minha filha e nossa convivência foi bem boa. Eu só apareci na primeira fase da novela e isso estava previsto na sinopse, mas fiquei à disposição dessa novela, porque o espírito podia aparecer a qualquer momento. E apareceu mesmo, no último capítulo desfilava todo mundo, num delírio do protagonista, que era o Gabriel Braga Nunes. E lá estava eu.

Quando acabou *Cidadão Brasileiro,* eles me garantiram que eu não entraria em *Vidas Opostas*. Fui fazer um workshop no Festival de Teatro de Manaus, tocou o telefone do Hotel Tropical. Era o Eduardo Menga: *É para você entrar na próxima novela*. Menos de um mês eu já estava em Lisboa gravando. *Vidas Opostas*, foi muito bem, foi uma novela que no final estava dando

25 pontos de audiência. Era uma boa novela, tinha o ambiente da favela pela primeira vez posto em novela, o Carandiru, o presídio, então esse lado do *bas fond*, de vida difícil, de pessoal excluído, fez grande sucesso. A Globo em seguida botou o Fagundes na favela. Mas era uma favela chique. A favela da Record era de verdade. Eu estava na parte dos ricos, mais um bandido de colarinho branco, sem maiores novidades. Mas foi bom estar participando de um grande sucesso, consolidando um espaço que a Record vinha ocupando.

Na gravação de Vidas Opostas, *em Portugal*

Eu e Kito Junqueira começamos a ficar amigos em *Cidadão Brasileiro*. Nossa amizade se consolidou em *Vidas Opostas*. Um dia ele me disse que ia montar um Neil Simon. *Eu conheço bem este autor...* – disse. E começamos a trabalhar juntos. Dirigi *Desencontros Clandestinos*, que estreou em junho de 2008 em São Paulo. Foi um ótimo exercício.

Em 2009 volto em mais uma novela de Lauro César Muniz.

Essa década não acabou e com certeza há ainda muita coisa a se fazer...

Capítulo VIII

O Mestre do Seu Ofício

Há vinte anos eu dou aulas. Comecei nas oficinas de interpretação na TV Globo, que criei. Depois chamei Beto Silveira para se integrar ao processo. Depois disso fizemos vários cursos na Casa de Cultura Laura Alvim, no Rio de Janeiro – *A Carpintaria do Ator*, que é uma marca minha e deve ser o nome do livro com meu método de interpretação. Nancy começou a ser minha assistente nessa época. Hoje, eu e ela damos aulas juntos na Casa de Artes das Laranjeiras, a CAL.

A CAL surgiu na minha vida há muitos anos. Meu filho Carlos se matriculou lá logo depois de se formar biólogo, como já contei. Ele fez dois semestres, trancou e foi para a Inglaterra. Antes de viajar, porém, ele me apresentou a Hermes Frederico e Gustavo Ariani, que dirigem a CAL, junto com Eric Nielsen. No começo de 1995 eu fiz um curso livre lá e o meu namoro com a CAL começou. Já ministrei diversos cursos livres e também fui professor em cursos regulares ao longo destes anos. Sempre me dedico à CAL quando a vida profissional permite e eles são muito maleáveis, muito gentis. Às vezes sou obrigado a passar um semestre sem dar aulas nos cursos regulares. Aí abro um curso livre: *Interpretação para a TV* ou *Comédia para Teatro*. Eu me sinto muito em casa na CAL, já fiz muitos trabalhos lá nesses 13 anos.

No momento eu e Nancy estamos dirigindo *A Gaivota* com os alunos do segundo semestre, o que me dá muito prazer.

Ensinar é uma escolha, não dá camisa a ninguém. Nunca foi a minha base de trabalho, mas um dinheiro a mais. Mas não fui empurrado para o ensino, sou apaixonado por dar aulas.

Sempre tive uma preocupação muito grande em entender o que estava fazendo no palco. E essa preocupação aumentou quando comecei a ensinar. Esse é um processo que me fascina nos últimos vinte anos. Ainda hoje no Brasil a gente se ressente bastante de uma noção curiosa: que a aula de interpretação é apenas um espaço para se fazer, praticar. A aula de interpretação deveria ser, na verdade, um espaço para um ator aprender a representar, adquirir domínio de suas ações em cena. Para isso é preciso que se ponha ao alcance dele um certo método, parâmetros e procedimentos para transformar aquelas letrinhas arrumadas nas páginas em vida. Em transfiguração da vida, em verossimilhança, em identificação com a vida do ser humano. Eu ensino um método: que eles se utilizem disso, depois façam o que bem entender. Só que o que venho encontrando é tentativa e erro, que é o que se faz habitualmente nas artes cênicas no Brasil. Com o tempo, o artista acerta mais do que erra. É assim que acontece, mas fico escandalizado ao ver isso, a repetição do fazer, transformado em aula. Luto por algo diferente. É algo que vem da minha formação.

Eu tenho um método todo elaborado que estou escrevendo direitinho, já tenho umas 30 páginas manuscritas. E é claro ele se originou em Stanislavski, nos meus mestres e na minha vivência. É para iniciantes, porque o defeito do Stanislavski é que ele é para quem está muito adiantado, é para nível universitário, não é para ginásio, primário. Eu aos 16 anos sofri querendo entender o método. A primeira coisa do meu método é bastante simples: o que é representar, coisa que ninguém nunca se pergunta. Você dá aulas, aulas e aulas, representa e vê representar e ninguém pergunta – *o que é representar?* Stanislavski tem uma definição que eu não gosto – *é dar vida a um espírito humano de maneira artística.* Acho uma confusão, cheia de preconceito do século 19. Ele fala do espírito, mas esquece a carnalidade. No século XIX o ator queria conquistar um espaço na sociedade com um pouco mais de respeito e por isso esta definição.

Para mim, interpretar é fazer de conta que é outra pessoa. Simples assim. Como você vai fazer de conta que é outra pessoa? Como eu vou seguir as rubricas do autor sem ser um papagaio? Como eu vou pensar como outra pessoa? Querendo o que ela quer. Se eu entro com o objetivo do personagem e ajo querendo o que ele quer, eu começo a fazer de conta. Eu tenho que fazer o que ela faz e para isso eu tenho que querer o que ela quer. Tudo se resume a isso. Freqüentemente o que você vê é o ator querendo deixar claro o personagem, a demonstração da representação, aquela coisa que está um pouco a mais, que não precisa.

Se o ator quer aquilo que o personagem quer, a mágica acontece.

Capítulo IX

O Método do Cecil

Em primeira mão, os trechos iniciais do método de Cecil Thiré, A Carpintaria do Ator, *que será publicado em breve:*

1) Representar

A primeira aula de cada turma nova começa sempre pela pergunta: *O Que é Representar? (com o sentido mesmo de atuar, interpretar)*

É curioso como nós atores formados, ou atores estudantes, não temos o hábito de formular ou responder com clareza e simplicidade a essa pergunta básica: *O que é representar?*

O que faz o ator ou atriz quando representa?

O que é que se passa, objetivamente, o que o intérprete faz, concretamente?

Por favor, interrompa a leitura neste texto e tente formular sua resposta, honesta e calmamente depois volte a ler.

Obrigado.

Podemos redigir a resposta de várias maneiras, inclusive a sua, porém a mais simples e objetiva a nosso ver. É *fazer de conta que é outra pessoa.*

Um apresentador na TV ou num auditório, é ele mesmo, um locutor, na rádio ou na TV, é ele mesmo, um declamador ao vivo ou filmado, é ele mesmo.

O ator ou atriz atuando em dramaturgia (televisão, cinema, teatro, comédia, drama, tragédia) sempre está fazendo de conta que é outra pessoa.

Simplesmente isso *fazendo de conta que é outra pessoa.*

Fingindo teria uma conotação de falsidade, um tanto pejorativa, fazendo de conta tem um *quê* de liberdade e criatividade da criança em todos nós.

O ator ou atriz estará sempre *fazendo de conta que é outra pessoa.*

É isso que é preciso fazer.

Mas como?

Como fazer de conta que é outra pessoa? Imitando não é possível, pois não a conhecemos, não vemos sua figura ou gestos, nem ouvimos sua voz. Ela só existe no papel, na forma de palavras escritas que compõem falas.

Se observarmos melhor o texto, veremos que as palavras do autor, de maneira geral, nos indicam ações. As rubricas nos mostram ação física e as falas nos mostram ação verbal.

Exemplos: Alfredo entra (rubrica) depois a fala:

Alfredo – *É aqui que estão precisando de um garçom?*

A entrada de Alfredo é sua ação física, a pergunta é sua ação verbal.

Como *fazer de conta* que é Alfredo? A Resposta é: *Fazendo o que ele faz*. Ou seja, entrando e perguntando.

Mas se o ator for apenas executar isso mecanicamente a atuação será sem *vida*, sem *naturalidade*. Para convencer melhor o espectador da verdade da entrada e da fala, o ator deve preencher isto com alguma coisa. Ou seja:
a) *fazer de conta que é outra pessoa*. Para isso
b) *fazer o que ela faz* para convencer que a ação é sincera é preciso:
c) *querer o que ela quer*.

Deve imbuir-se da vontade de vir e lutar pelo emprego.

Se nosso ator entrar e falar: *É aqui que estão precisando de um garçom?* com o intuito de *deixar claro para a platéia*, que Alfredo precisa do emprego, ele estará querendo o que *ele ator* quer, causar uma determinada impressão à platéia, não o que *Alfredo quer*, que é o emprego.

Esse aparentemente pequeno desvio de objetivo leva o ator a demonstrar e não a agir. Quando se presta atenção à modulação da fala, à sonoridade da voz ou à adequação dos gestos, não é possível agir em nome do personagem. Ao fazer isso, o ator age em nome de si mesmo, quer aquilo que ele mesmo quer. Enquanto procura o papel, enquanto ensaia, isso é legítimo, mas ao apresentar-se mostrar o resultado de seus estudos sobre Alfredo é um equívoco.

Notem a sutil diferença de abordagem, se o ator quer o que Alfredo quer (obter o emprego) ele *age* em nome de Alfredo. Se ele mostra como imaginou que Alfredo faria, ele demonstra. A demonstração, via de regra é determinada por uma atenção e controle do ator sobre sua fala e movimentação que faz o desempenho parecer ou tenso ou repetição mecanizada.

É possível, com alguns anos de prática e muito trabalho e talento, chegar a convencer o espectador da verossimilhança da representação, mas, se nos entregamos ao objetivo do personagem, tudo flui mais facilmente, rumo a um resultado satisfatório.

A grande diferença está no objeto da atenção do ator no momento de atuar. Se age em nome de Alfredo, ele tenta ver no empregador se este reage bem ao seu pedido. A atenção está, portanto, no comportamento do interlocutor. Se o ator mostra ou demonstra a ação de Alfredo, sua atenção está em si mesmo, no controle de sua voz e de seus gestos.

Ora, na vida, quando agimos e falamos, nossa atenção é para a reação de quem nos ouve ou vê, não com nossa fala ou nossa movimentação. Portanto a representação será mais próxima da vida, ou seja, natural, se quisermos aquilo que o personagem quer.

Ao estudar o papel, já vamos orientar o estudo para a observação das reações do outro, para ouvir e reagir àquilo que o interlocutor diz. Se primeiro fizermos nossa parte, independente do outro, depois será muito difícil nos abrirmos para ele.

Não devemos, porém, depender da forma daquilo que o interlocutor diz, que nos levaria a querer de certa forma *dirigir* a cena e poderia até acabar em atrito. Devemos depender do *conteúdo* da fala que ouvimos.

Se você encarna alguém a quem o outro diz: *sua mãe morreu*. Você deve se prender à notícia que ouviu, não importa se foi dita num grito, no desespero, de forma contida ou suave, sua reação será imensa! Não pela inflexão do colega, mas pela dolorosa notícia recebida.

Quando nos abrirmos para o que vem dos comparsas na cena, temos também um ponto interessante. Ouço muitos colegas, atores, diretores e até orientadores de atores, dizerem que se deve tirar de dentro de si a energia do personagem. E vejo fazerem isso, às vezes com resultados muito interessantes. Às vezes desastrosos.

Porém não é assim a natureza humana, a vida. Viver é uma sucessão de estímulos e reações que começa no útero materno e acaba no túmulo, pois ainda no útero já reagimos a estímulos da própria fisiologia da mãe ou externos e no leito hospitalar, enquanto não nos abandona a vida, reagimos física ou psicologicamente, bem ou mal, ao tratamento a que somos submetidos. Reagir é humano. É o mais vasto repertório de experiências acumuladas que possuímos no armazém da memória.

Qualquer personagem, seja ao entrar em cena ou já estando, ao iniciar uma cena, estará reagindo a alguma coisa. Recebeu uma noticia que o faz vir, veio ao encontro de alguém ou alguma coisa, veio buscar algo, etc, etc. Porém, *sempre* alguma coisa o trouxe. Ele estará *sempre* reagindo ao que o trouxe. Se em seguida tem alguma surpresa, há uma nova reação que vai orientar seu objetivo, o que ele quer.

Constitui portanto um caminho menos tortuoso e de menos obstáculos para um ator, procurar, aceitar e receber os estímulos que são dados a seu personagem para reagir em nome dele. Todos os personagens fazendo o mesmo constituem uma cadeia de reações a que chamamos de história, ou narrativa, o essencial numa obra de teledramaturgia, cinedramaturgia ou simplesmente dramaturgia.

2) Ler o Texto

a) Fazer de conta que é outra pessoa
b) Fazer o que ela faz
c) Querer o que ela quer

Mas quem é essa pessoa?

Na maioria esmagadora das vezes, as indicações sobre esta pessoa, estão em um texto que é colocado diante do nosso nariz: um fragmento para um teste, uma peça de teatro, um roteiro de filme, um capítulo de novela.

Única possível exceção é quando o ator é o criador do próprio texto numa improvisação, numa obra sua ou de criação coletiva. Via de regra, o ator é confrontado com o texto de um autor, um texto que não é dele.

O primeiro passo para sabermos quem é a pessoa que vamos fazer de conta que somos é ler o texto.

Em nosso país, considera-se bonito entender depressa. Todos querem entender rápido. Pena que poucos façam questão de entender <u>bem</u>.

Esse é o primeiro passo: ler o texto e entender <u>bem</u> o texto.

O grande mestre Ziembinski gostava de dizer *o ator deve ler o texto, nu e de olhos abertos*. Com *nu* ele queria significar despido de preconceitos (não sair procurando graça se é uma comédia, nem arrebatamento se é uma obra romântica, ou emotividade se é um drama), *de olhos abertos* – atento, sem deixar escapar nada.

Ler o texto sem pré-conceber e atentamente. E devemos reter na memória a impressão que a primeira leitura nos causou. O impacto, a emoção, como o texto *bateu* na nossa subjetividade, na nossa intuição. Esta primeira sensação provocada pela leitura será preciosa para nosso envolvimento com a trama e com a construção e evolução da nossa personagem dentro dela. Porém não podemos deixar passar uma palavra cujo significado preciso não seja de nosso conhecimento. Ao encontrar uma palavra desconhecida, vamos ao dicionário para conhecê-la, vamos perguntar a alguém. Não é feio ignorar, mas não querer saber, é !

Num exercício prático em aula, um aluno fez o papel de Oswaldinho em *O Anti-Nelson Rodrigues*, na cena, Oswaldinho num claro deboche lê um trecho da Bíblia que fala no *homem fornicário*. Assistindo ao exercício, ficou claro para nós, que o aluno não sabia o significado da palavra, pois ela saiu de sua boca sem um traço da malícia com que seu personagem vinha se desenvolvendo.

Ao ser perguntado sobre o significado da palavra *fornicário*, o aluno admitiu ignorar.

Mesmo sabendo o significado de todas as palavras, pode ser que não consigamos fazer com que o público as compreenda, devido a outras dificuldades. Não sabendo o significado, nossas possibilidades diminuem enormemente. Expressões em gíria, em língua estrangeira, etc. é preciso entender tudo se quisermos ter esperanças de que o público entenda.

Vamos ler o texto e entendê-lo bem. Todo. Tudo.

Paulo Autran contava que o primeiro grande exercício para aprender a representar que fez na vida, foi na escola primária. O aluno lia um trecho de literatura em voz alta, depois devia dizer com suas palavras o que tinha lido. É ótimo exercício ler em voz alta, tendo que dar forma a frases ao mesmo tempo em que se apreende o sentido delas.

Uma vez lida a obra, a cena, ou o trecho, uma vez compreendida a história, resta-nos situar aí dentro a pessoa que nos cabe para fazer de conta.

3 – Objetivo – Perguntas

Agora vamos estudar a partir do texto. E só a partir dele.

É o momento de cada um fazer as quatro fundamentais perguntas stanislavskianas:
1ª – Quem sou eu?
2ª – Onde estou?
3ª – Com quem estou?
4ª – O que é que eu quero?

A passagem, aqui da terceira para a primeira pessoa do singular é já um movimento visando aproximar-se do personagem.

Quem é ele? colocaria a personagem diante de você, ou ao seu lado.

Quem sou eu? já começa a ser o jogo de fazer de conta.

A resposta à primeira pergunta pode (e deve) ser bem extensa, e, portanto trabalhosa e detalhada. Os quesitos aos quais devemos responder são quase inumeráveis (cada obra tem seu universo) os mais freqüentes e importantes são:

Dados Gerais
1) Em que país vivo eu?
2) Em que lugar?
3) Em que clima?
4) Em que estação do ano?
5) Em que época da história?
6) Qual a minha religião?
7) Como está organizada a sociedade em que vivo?
Dados Pessoais
8) Qual a minha idade?
9) Qual a minha condição social?
10) Minha profissão?
11) Minha escolaridade?
12) Quais meus laços familiares?
13) Qual é minha experiência sexual?
14) Quais meus projetos?
15) Meus sonhos?
16) Minhas frustrações?
17) Meus traumas?
18) Quais minhas características corporais?
19) Como é meu caminhar?
20) Quais as características da minha fala?

E o mais que puder interessar.

Todo este extenso questionário pode parecer um maçante dever de casa, mas na verdade é uma inestimável fonte de estímulos para nossa imaginação e criatividade, que de outra maneira ficariam entregues apenas à intuição. A inspiração pode *baixar* ou não. Este método serve para provocar a inspiração criativa. Experimentem por exemplo, fazendo-se estas perguntas como *Hamlet*, ou *Julieta* depois como *Zé do Burro*, ou *Neuza Sueli* ou o que quiserem e vejam quantas boas idéias nos ocorrem para a construção da personagem.

Às vezes, não encontramos num texto mais sumário respostas para todas as perguntas que gostaríamos de fazer. Aí, o jeito é complementar com a imaginação. Porém, cuidado! Não podemos imaginar nada que venha a entrar em choque com o que já está no texto. Isso só geraria dispersão, confusão e erro. Devemos completar as informações do texto só com o que for coerente com o que lá está dito.

Não vejo tampouco utilidade prática nos famosos exercícios de colocar o personagem em lugares ou condições que o autor não colocou. *Hamlet* ou *Zé do Burro* numa pescaria, *Julieta* ou *Neuza Sueli* debulhando milho por mais divertido que fosse, não seria nada proveitoso para a criação do papel. Este estará sempre restrito à ação física e verbal que o autor criou para ele, ou melhor, através dos quais o autor criou, estes são seus limites e esta pode ser também sua simplicidade e grandeza, graças à síntese.

A segunda pergunta, *onde estou*, costuma ser facilmente responsável e pouco trabalhosa. Uma consulta simples ao texto nos permite saber o local onde a ação se passa. No caso de uma sucessão de locais, cada um é cada um, um de cada vez, por mais rápidas que sejam as mudanças de local. Pode parecer tolo preocupar-se com o lugar em que se passa a ação, mas freqüentemente não aproveitamos essa informação. Uma mesma pessoa (sem mudar o *quem sou eu*) tem comportamento diferente de acordo com o lugar onde se encontra, por exemplo, *onde estou?* No meu quarto, é um comportamento, numa sala de aula onde nunca estive, outro; numa sala de aula que freqüento há algum tempo, outro. Numa igreja, outro; na praia, outro e etc., conforme o lugar estará estabelecido pelo autor. Eis outra fonte de inspiração criadora.

Também a terceira pergunta é de fácil resposta: *com quem estou?* À semelhança da segunda pergunta, com uma rápida consulta ao texto podemos responder. Como no caso da pergunta anterior, apesar de eu continuar sendo quem sou, meu comportamento muda de acordo com a pessoa ou pessoas com quem estou.

Sozinho, é uma coisa, com um amigo é outra, com minha amada, outra, com meu inimigo, outra, com meus filhos outra, diante de um júri, outra e assim por diante.

A entrada em cena de mais um personagem pode e deve mudar meu comportamento de acordo com a trama. E isso pode acontecer sucessivamente, nas comédias podemos, às vezes, observar o grande efeito que essas mudanças ou somas de *com quem estou* pode provocar. Surge a pessoa que afirmamos que viajou, irrompe um marido ciumento, etc.

Mesmo estando sozinho, (os célebres monólogos) é preciso definir com quem estou falando. Comigo mesmo? Nesse caso é preciso que eu ouça o que eu mesmo digo e que isso provoque mudanças no meu entendimento e conseqüentemente na maneira de dizer as falas. No monólogo posso também estar falando com Deus, com um santo, com uma platéia, esses interlocutores podem até se alternar durante a cena, mas eu preciso saber para quem estou dizendo cada coisa. Simplesmente porque sempre que na vida falamos com alguém, sabemos com quem estamos falando, ou pelo menos, julgamos saber.

Isso nos leva diretamente à 4ª pergunta: *o que é que eu quero*. Ninguém fala sem um propósito, sem um objetivo, sem *querer* alguma coisa.

Quando não se quer nada, não se fala, fica-se calado. A fala humana nasce da vontade, ou necessidade, de obter alguma coisa de alguém. Sempre que falamos é porque queremos algo de alguém.

Ora, às vezes os atores se limitam a falar as linhas do texto com a seqüência de entonações e inflexões que parecem ser mais apropriadas, porém sem clareza do objetivo, sem saberem nitidamente o que estão querendo.

Faça a tentativa de falar sem pensar para falar sem formular um pensamento, que mais rápido do que a ação de um computador se transforme numa frase. Falar sem pensar para falar é quase impossível.
Experimente interromper por um instante essa leitura, e tente falar, não importa o que, sem pensar para falar.

Não é? Pois é.

A grande exceção é quando falamos automaticamente, quando dizemos alguma coisa que está de cor por música, uma forma gravada em nossa memória como a tabuada, uma oração religiosa ou o hino nacional. Sai automaticamente enquanto pensamos noutra coisa. Vários atores e atrizes se permitem dizer o texto automaticamente enquanto pensam em outra coisa, onde por as mãos, não franzir a testa, não tensionar os ombros, alguém tossiu, o operador de microfone se aproximou da cena, etc.

Quando quem representa fala assim, em primeiro lugar, corre enorme risco de errar ou esquecer o texto. Como alguns guias-mirins de turismo histórico no Brasil, que ao serem interrompidos não conseguem retomar de onde pararam, vendo-se obrigados a recomeçar.

Em segundo lugar, a platéia pode não se dar conta do automatismo, mas dificilmente irá se empolgar com a atuação. Muitas vezes perde o sentido do texto, da história, a seqüência da narrativa e isso torna a obra maçante, cansativa.

Resumindo, se automatizarmos as falas, corremos o risco de errar, esvaziarmos o interesse da platéia e dificilmente faremos sucesso.

Se já temos bem respondido *quem sou eu?, onde estou?, com quem estou?*, é a hora de termos bem claro *o que é que eu quero?*. E aí podemos dar início à representação.

Não me refiro àquilo que o personagem quer na obra toda. Hamlet quer vingar o pai, Édipo quer descobrir o culpado pelas desgraças de seu país, Ricardo III quer ser rei, Julieta quer Romeu. Não, o importante é ter claro o objetivo que nos trouxe ao início da cena, o primeiro, o que motiva o primeiro gesto, a primeira fala (é mais simples do que somos levados a supor). O nosso Alfredo do exemplo inicial quer causar boa impressão para obter o emprego. Isso basta para começar. Toda cena tem uma continuação, o querer de Alfredo poderá percorrer pequenas ou grandes mudanças de acordo com o desenrolar-se da cena. Ele pode vir a desistir do que queria se o salário for baixo, por exemplo.

O importante é definirmos com clareza qual o objetivo de cada fala, de cada movimento, de cada marca, numa seqüência coerente, sempre norteados pelo evoluir do texto.

Desarrumando a ordem das perguntas, podemos concluir que: a forma de sua fala, a entonação, a inflexão, a maneira de dizê-la, a musicalidade dela - decorre *daquilo que você quer* obter da pessoa *com quem você está falando*, *sendo você quem é*, estando *no lugar em que está*.

Podem aplicar esta seqüência de premissas a qualquer cena de qualquer personagem de qualquer tipo de dramaturgia, e verão como faz sentido na prática.

4 – Texto – Subtexto

Voltemos à leitura do texto. A lembrança das sensações que a primeira leitura provocou na nossa subjetividade, na nossa intuição, aquilo que a gente sentiu ao ler o texto pela primeira vez.

Agora, com as quatro perguntas respondidas, sem perder de vista a primeira impressão, vamos ao trabalho, vamos estudar o texto em si.

Temos que transformar o que lemos como linguagem escrita em linguagem falada. Nossa linguagem. Como fazê-lo?

A sucessão de palavras de uma frase nos é ditada do pensamento ao aparelho fonador. Isso se passa numa velocidade assombrosa de que a mente humana é capaz.

Porém, sem a seqüência de pensamentos não se forma a seqüência de palavras de uma frase.

Assim, o que é preciso fazer é transformar a frase do autor numa seqüência de pensamentos que nos fazem pronunciar aquelas palavras, e precisamente aquelas. Cabe aqui observar o quanto é nociva para nós atores a maneira de memorizar que nos é ensinada no colégio. O antigo *decoreba*, ou decorar como um papagaio; por repetição até ficar gravado na mente. Fazemos isso com afluentes da margem esquerda do rio Amazonas, com datas e nomes históricos, com tabuada e etc.

O resultado é que quando nos deparamos com a tarefa de memorizar um texto de personagem cênico, recorremos ao velho hábito de repetir até gravar.

A repetição executada com insistência e rapidez acaba nos levando à memorização de um texto, mas quando o diretor (ou professor) nos pedir para modificar a entonação de uma ou mais partes, encontraremos grandes dificuldades. Mais ou menos como o guia-mirim de turismo histórico, temos um registro melódico e métrico de palavras e frases concatenadas pelo som que muito dificilmente conseguiremos modificar.

Se nos pedem para mudar uma entonação, uma inflexão, é porque consideram inadequada a maneira que afirmamos, perguntamos ou declaramos o que quer que seja, e é preciso reajustar as motivações que nos levaram àquela forma, reformular ligeiramente que seja, o objetivo que nos fez falar como falamos. Essa mudança resulta numa nova forma, mas nasce de uma correção do objetivo.

O que é memorizado graças à repetição insistente e rápida fica muito difícil de mudar.

Muitos colegas afirmam ter excelente memória visual. *Enxergam* a frase e a repetem, o que podemos dizer é que de tanto olhar para a folha de papel no esforço de decorar, quem tem boa memória visual, acaba se lembrando que no meio da fala tem uma virada de página ou que a frase está bem no alto, ou no meio, ou no pé da folha, ou depois de uma rubrica, ou sei lá o que. Mas não vejo em que essa visualização possa nos ajudar a *fazer de conta que é outra pessoa, fazendo o que ela faz, querendo o que ela quer.* A personagem não está *vendo* a página em seu pensamento para falar, e tampouco estará o intérprete se estiver representando bem.

Outros recorrem à sua própria voz registrada num gravador – tem memória auditiva. Isso é apenas um aperfeiçoamento tecnológico da memorização por repetição insistente, que leva ao automatismo e, portanto à rigidez na hora em que é pedida uma mudança de entonação.

Há os que memorizam primeiro, para depois colocar o sentido, o colorido, a inflexão. É possível, mas que trabalhão danado!

Vi até quem colocava na página em branco do lado esquerdo da cópia de trabalho da peça as iniciais de cada palavra da frase. Exemplo: iniciais V.Q.I.C/C.?

A fala: *Você quer ir comigo ao cinema?*

Trabalheira maior ainda, codificar, decifrar o código, decorar e ainda por cima representar.

Não nos parece que seja por aí.

Os colegas que conheci com maior facilidade de memorização (portanto menor sofrimento para estudar) fazem isto através do encadeamento de idéias, uma seqüência de pensamentos, algo como enfiar as contas de um rosário.

Voltemos a falar de transformar o texto que vemos escrito em nossas palavras, em frases que dizemos em nome de nossa personagem.

Cada palavra, no nosso repertório interno tem uma sensação correspondente. Frio, branco, hoje, maçã, cada palavra corresponde a uma sensação, que nos ficou quando aprendemos o nome da coisa. Podemos chamar essa sensação de imagem ou pensamento.

A linguagem é algo muito mais complexo. Quando falamos, nos exprimimos juntando idéias numa seqüência concatenada que expressa o objetivo que temos em mente.

Quando dizemos: *Vamos ao cinema*, o pensamento é um só, a frase é um conjunto de palavras, mas a idéia é uma só.

Para transformar o texto do nosso personagem em frases nossas, que diremos em nome dele, temos que formar a seqüência de pensamentos que nos leva a dizer aquelas frases. Devemos memorizar as imagens, as idéias que nos levam a dizer as frases. Com exatidão!

É a isto que depois de Stanislavski passamos a chamar de subtexto; a seqüência de pensamentos concatenados que nos leva a pronunciar o texto. A espécie de *filminho* que passa na nossa cabeça e nos faz dizer o texto.

É o que a natureza humana nos compele a fazer quando o texto entra na memória com facilidade e sentimos que flui naturalmente na representação.

O modo mais prático de se fazer isso, de construir um subtexto, de criar a partir do texto um subtexto que nos faça dizê-lo é com *poucas repetições* e *lentamente*.

Vamos aumentar nossa frase exemplo:
Alfredo – *É aqui que estão precisando de um garçom? Eu li o anúncio no jornal e gostaria muito de ficar com esse emprego.*

Experimente decorar isso.

Se você tentar por repetição rápida vai demorar, pode errar, vai repetidamente errar ou esquecer num *mesmo ponto*, vai cometer imprecisões ou, parabéns, você tem facilidade para decorar.

Agora, experimente memorizar lentamente, conectando uma palavra à outra lentamente, como (com o devido perdão) um deficiente mental lutando com dificuldade para ligar as idéias.

É... aqui... que estão... precisando... de um... garçom?

É... (verbo ser no presente) *Aqui...* (neste lugar, use o dedo para apontar o chão enquanto decora) *Que estão...* (são muitos que querem) *Precisando...* (não é querendo, é precisando, menos forte que necessitando) *De um...* (apenas um, o dedo pode ajudar novamente para decorar, quando for para valer, some) *Garçom?...* (devemos ver dentro da nossa cabeça o traje da profissão, ou alguém de bandeja na mão ou outra imagem concreta).

Eu li... o anúncio... no jornal... e... gostaria muito... de ficar... com esse... emprego.

Eu li... (devemos nos lembrar do momento da leitura, lugar, hora do dia, tudo num relâmpago ao lembrar para falar, mas agora, meticulosamente elaborado) *O anúncio...* (devemos criar a imagem mental do classificado, como o teríamos visto ao ler) *No Jornal...* (devemos criar a lembrança concreta da imagem do jornal diante dos nossos olhos) *E...* (ligando uma idéia à outra) *Gostaria muito...* (não gostaria pouco, e sim muito / sem exagerar para não causar má impressão ao empregador) *De ficar...* (não é ganhar nem obter e sim ficar, como ficar parado ou guardar, a associação que mais lhe convenha, mas sem trocar a palavra) *Com esse...* (fazer imagem bem concreta para não dizer **este**) *Emprego...* (emprego é emprego, um lugar para se ganhar a vida, trabalho traz outras conotações).

Esta viagem pela memorização foi feita com o meu imaginário a partir da frase exemplo. Experimente com uma fala qualquer, à sua escolha e avalie os resultados, nunca esquecendo de que na hora de dizer a fala, todos os truques de muletas usados na construção do subtexto devem ser descartados, resultando numa fala em velocidade normal, com a inflexão determinada pelo objetivo de seu personagem, sendo ele quem é, estando onde está e com quem está.

5 - Entendido o texto, respondidas as perguntas, com a parte que nos cabe estudada e memorizada. Devemos também levar sempre em consideração as falas que nossa personagem ouve. Para isto não é bom memorizar as falas do outro (há atores que sem se dar conta, acompanham com os lábios as palavras que o outro está pronunciando, como uma gaiata dublagem). A personagem não sabe de antemão o que a outra irá dizer, portanto, temos que estar desprevenidos e atentos ao que nos dizem, como se fosse a primeira vez, para que nossa reação flua adequadamente, e nossa fala saia como justa resposta ao que acabamos de ouvir.

O processo recomendado no ato de decorar (memorizar) é primeiro memorizar lentamente como descrito as nossas falas, enquanto sempre lemos em velocidade normal a do outro. Depois, quando já está de cor, mas ainda estamos conferindo e dando acabamento à forma, vamos dizer nossa fala, voz baixa ou voz alta a critério e gosto de cada um, com a nossa parte tapada ou sem olhar o papel, em seguida ler a do outro com os olhos apenas e assim por diante intercaladamente.

Cronologia de uma Carreira

Ator

Teatro

1962
- *Brasil Versão Brasileira,* de Oduvaldo Viana Filho
- *Auto dos 99%,* de Oduvaldo Viana Filho, Armando Costa, Antonio Carlos Fontoura, Cecil Thiré e outros
- *O Formiguinho e sua Porta,* de Arnaldo Jabor

Obs.: Todos os trabalhos acima foram realizados para o Centro Popular de Cultura da União Nacional dos Estudantes.

1964
- *Descalços no Parque,* de Neil Simon

1965
- *Pequenos Burgueses,* de Maximo Gorki
- *Andorra,* de Max Frich

1966
- *João Amor e Maria,* de Hermínio Belo de Carvalho
- *América Injusta,* de M. Duberman
- *O Senhor Puntilla e seu Criado Matti,* de Bertolt Brecht

1967
- *Oh! Que Delícia de Guerra,* de C. Chilton e R. Fletcher
- *A Volta ao Lar,* de Harold Pinter
- *O Segundo Tiro,* de Marcel Archard

1968
- *Black Out,* de Frederick Knott
- *Irma La Douce,* de A. Breffort e M. Monnot
- *Disque M para Matar,* de Frederick Knott

1969
- *Falando de Rosas,* de Frank A. Gilroy

Com Jardel Filho em cenas de Falando de Rosas

1970
- *Cemitério de Automóveis,* de F. Arrabal

1971
- *Galileu Galilei,* de Bertolt Brecht
- *Tudo no Jardim,* de Edward Albee
- *Casa de Bonecas,* de Henrik Ibsen

1972
- *O Segredo do Velho Mudo,* de Nelson Xavier
- *Check-Up,* de Paulo Pontes
- *O Peru,* de Georges Feydeau

1973
* *O Trágico Fim de Maria Goiabada,* de Fernando Mello

1974
* *A Gaivota,* de Anton Tchekov
* *Tiro e Queda,* de Marcel Archard

1975
* *A Noite dos Campeões,* de Jason Miller

1977
* *Se Chovesse Vocês Estragavam Todos,* de Clovis Levi

1979
* *O Fado e a Sina de Matheus e Catirina,* de Benjamim Santos
* *A Resistência,* de Maria Adelaide Amaral

1980
* *Bodas de Papel,* de Maria Adelaide Amaral

1984
* *A Divina Sarah,* de John Murrel

1985
* *Gatão de Estimação,* de Gerard Lauzier

1990
* *O Protagonista,* de Luis Augustoni

1996
• *É*, de Millôr Fernandes

1998
• *Minha Futura Ex*, de Lina Ostrovsky

1999
• *Nostradamus*, de Doc Comparato

2000
• *O Último Suspiro da Palmeira*, de Carlos Arthur Thiré

2002
• *Variações Enigmáticas*, de Eric Emmanuel-Schmidt

2003
• *O Dia Que o Alfredo Virou a Mão*, de João Bethencourt

2004
• *Papai Mamãe*, de Carlos Arthur Thiré e Cecil Thiré, com crônicas de Luis Fernando Veríssimo

2005
• *Ladrão em Noite de Chuva*, de Millôr Fernandes

Televisão

1965
• *Casa de Orates,* Teleteatro – TV Globo

1967
• *Angústia de Amar,* de Dora Cavalcanti
Telenovela – TV Tupi

1972
• *Shazan e Sherife*
Seriado - TV Globo

1974
• *O Espigão,* de Dias Gomes
Telenovela – TV Globo

1975
• *Escalada,* de Lauro César Muniz
Telenovela – TV Globo
• *Ilha no Céu*
Teledrama – TV Globo

1976
• *Duas Vidas,* de Janete Clair
Telenovela – TV Globo
• *Sapiquá de Lazarento*
Teledrama – TV Globo

1978 a 1981
• *Planeta dos Homens*
Humorístico semanal – TV Globo

Cenas de Duas Vidas, com Flávio Migliaccio

1982
- *Sol de Verão,* de Manoel Carlos
Telenovela – TV Globo

1983
- *Viva o Gordo,* Humorístico – TV Globo
- *Champagne,* de Cassiano Gabus Mendes
Telenovela – TV Globo

1984 a 1985
- *Viva o Gordo*
Humorístico semanal – TV Globo

1985
- *Chico Anysio Show*
Humorístico semanal – TV Globo

1986
- *Roda de Fogo,* de Lauro César Muniz
Telenovela – TV Globo

1989
- *O Salvador da Pátria,* de Lauro César Muniz
Telenovela – TV Globo

1989
- *Top Model,* de Antônio Calmon
Telenovela – TV Globo

1992
- *Pedra Sobre Pedra,* de Aguinaldo Silva
Telenovela – TV Globo/RTP

1993
• *Cupido Eletrônico*
Sitcom exibido pela RTP Portuguesa
Participação em um episódio
• *Renascer,* de Benedito Ruy Barbosa
Telenovela – TV Globo

1994
• *74.5, Uma Onda no Ar,* de Chico de Assis
Telenovela – TV Plus

1995
• *A Próxima Vítima,* de Sílvio de Abreu
Telenovela – TV Globo

1996
• *Quem é Você,* de Ivani Ribeiro, Solange Castro
Neves e Lauro César Muniz
Telenovela – TV Globo

1997
• *Zazá,* de Lauro César Muniz
Telenovela – TV Globo

1998
• *Malhação,* Seriado – TV Globo
• *Labirinto,* de Gilberto Braga
Minissérie – TV Globo

1999
• *Chiquinha Gonzaga,* de M. Adelaide Amaral
Minissérie – TV Globo

2000
• *A Muralha,* de Maria Adelaide Amaral
Minissérie – TV Globo

2001
• *Os Maias,* de Maria Adelaide Amaral
Mini série – TV Globo

2001
• *A Padroeira,* de Walcyr Carrasco
Telenovela – TV Globo

2004
• *Celebridade,* de Gilberto Braga
Telenovela – TV Globo

2005
• *Zorra Total*
Humorístico semanal– TV Globo

2006
• *Cidadão Brasileiro,* de Lauro César Muniz
Telenovela – TV Record
• *Vidas Opostas,* de Marcílio Moraes
Telenovela - TV Record

Em cena de Malhação

Em cenas de Os Maias (esquerda), e no seriado Mulher, com Eva Wilma

Em cenas da minissérie A Muralha *(acima), e na novela* Zazá

Na novela A Padroeira

Cinema

1962
• *Cinco Vezes Favela* (episódio *Pedreira de São Diogo*), de Leon Hirzmann

1965
• *Society em Baby Doll,* de Luis Carlos Maciel
• *A Crônica da Cidade Amada,* de C. H. Cristensen

1966
• *Arrastão* (produção francesa), de A. D'Ormesson

1967
• *O Bravo Guerreiro,* de Gustavo Dahl
• *O Diabo Mora no Sangue,* de Cecil Thiré

1968
• *Álibi* (produção italiana), de Adolfo Celi

1973
• *Ainda Agarro Essa Vizinha,* de Pedro Rovai

1976
• *O Ibrahim de Subúrbio,* de Cecil Thiré

1978
• *Muito Prazer,* de David Neves

1988
- *Forever* (co-produção ítalo-brasileira), de Walter Hugo Khouri
- *A Bela Palomera*, de Ruy Guerra

1991
- *O Escorpião de Ouro* (produção italiana), de Umberto Lenzi
- *Manobra Radical*, de Elisa Tolomeli

1991
- *Tummy* (produção ítalo-americana), de Gianetto de Rossi

1992
- *A Mil por Hora* (co-produção hispano-brasileira), de Suzana de Moraes

1994
- *O Quatrilho*, de Fábio Barreto

1997
- *Sonho de um Caroço de Abacate*, Adaptação de um romance de Moacyr Scliar

1998
- *Cronicamente Inviável*, de Sérgio Bianchi

2000
- *Sonhos Tropicais*, de André Sturm

2004
- *JK – Uma Bela Noite para Voar* (no papel de Gal. Lott), de Zelito Viana

2005
- *Carandiru* (primeiro episódio), produção TV Globo
- *Didi, o Caçador de Tesouros,* Diler Produções
- *Mandrake,* Prod. HBO e Conspiração Filmes

Assistente de Direção
Teatro

1967
- *A Volta ao Lar,* de Harold Pinter, direção de Fernando Torres

1970
- *Cemitério de Automóveis,* de Fernando Arrabal, direção de Victor Garcia

1974
- *A Gaivota,* de Anton Tchekov, direção de Jorge Lavelli

Assistente de Direção
Cinema

1962
- *O Anjo,* curta-metragem de Silvio Autuori

1963
• *Os Fuzis,* longa-metragem de Ruy Guerra

1964
• *Cabra Marcado para Morrer,* de Eduardo Coutinho

Diretor
Teatro

1968
• *Juventude em Crise,* de Ferdinand Brückner

1971
• *Casa de Bonecas,* de Henrik Ibsen

1972
• *Check-Up,* de Paulo Pontes
• *O Segredo do Velho Mudo,* de Nelson Xavier

1974
• *Tiro e Queda,* de Marcel Archard
• *Constantina,* de Somerset Maugham

1975
• *A Noite dos Campeões,* de Jason Miller

1976
• *Fique para o Café,* de Ray Cooney
• *Doce Pássaro da Juventude,* de Tennessee Williams

1977
- *WM – Na Boca do Túnel,* de Carlos Eduardo Novaes
- *Huis-Clos,* de Jean-Paul Sartre

1978
- *Bodas de Papel,* de Maria Adelaide Amaral
- *Arte-final,* de Carlos Queiroz Telles

1979
- *O Fado e a Sina de Matheus e Catirina,* de Benjamim Santos
- *Aqui e Agora,* de Mário Brasini
- *A Resistência,* de Maria Adelaide Amaral

1981
- *O Beijo da Louca,* de Doc Comparato

1982
- *Vida Nova,* de Cláudio Cavalcanti

1983
- *Por uma Noite,* de Diana Raznovich

1985
- *Gatão de Estimação,* de G. Lauzier

1987
- *Um Piano à Luz da Lua,* de Paulo César Coutinho
- *Seja o que Deus Quiser,* de Maria Adelaide Amaral

1988
- *Brasileiras e Brasileiros,* de Luis Fernando Veríssimo

1989
- *Sonhos de um Sedutor,* de Woody Allen

1991
- *Mão na Luva,* de Oduvaldo Viana Filho

1992
- *O Céu Tem que Esperar,* de Paul Osborn

1993
- *Entre Amigas,* de Maria Duda
- *Ela é Bárbara,* de Barrilet-Grédi

1994
- *Capital Estrangeiro,* de Sílvio de Abreu

1998
- *Minha Futura Ex,* de Lina Ostrowski

2000
- *O Último Suspiro da Palmeira,* de Carlos Thiré

2005
- *Um Sábado em 30,* de Luis Marinho
- *O Jardim das Cerejeiras,* de Anton Tchecov

2008
• *Desencontros Clandestinos,* de Neil Simon

Diretor
Televisão

1974
• *Há Vagas para Moças de Fino Trato,* de Alcione Araújo
Teleteatro – TV Educativa

1981 a 1985
• *Viva o Gordo*
Humorístico semanal – Rede Globo

1985
• *Chico Anysio Show*
Humorístico semanal – Rede Globo

1987
• *Sassaricando*
Telenovela – Rede Globo

1990
• *Araponga*
Telenovela – Rede Globo

1992 a 1993
• *Cupido Eletrônico*
Seriado de 26 episódios
RTP / Septimis / Rede Manchete / RM Produção

1993 /1994
• *74.5, uma Onda no Ar*
Telenovela – TV Plus

Diretor
Cinema

1967
• *O Diabo Mora no Sangue,* longa-metragem

1973
• *A Viúva Virgem,* de Pedro Rovai (como diretor de pós-sincronização / dublagem)

1976
• *O Ibrahim de Subúrbio,* média-metragem – 50 min.

Autor
Teatro

1962
• *O Auto dos 99%,* de Cecil Thiré, Oduvaldo Viana Filho, Armando Costa, Antonio Carlos Fontoura e outros

Autor
Cinema

1963
• *Os Fuzis,* de Ruy Guerra e Miguel Torres (como colaborador)

1972
• *A Viúva Virgem,* de Cecil Thiré, João Bethencourt e Armando Costa

1974
• *O Roubo das Calcinhas,* de Cecil Thiré e Bras Chediak

1976
• *O Ibrahim de Subúrbio,* de Cecil Thiré e Armando Costa

1979
• *Comes e Bebes,* de Cecil Thiré, Dejair Cardoso e Armando Costa. Selecionado por concurso da Embrafilme e aprovado para financiamento. Filme não realizado.

Tradutor
Teatro

1969
• *Falando de Rosas* (*The Subject was Roses*), de Frank D. Gilroy

1971
• *Casa de Bonecas (Et Dukkeem)*, de Henrik Ibsen

1974
• *Constantina (The Constant Wife)*, de Somerset Maugham

1976
• *Doce Pássaro da Juventude (Sweet Bird of Youth)*, de Tennessee Williams

1979
• *Teu Nome é Mulher (Croque-Mosieur)*, de Marcel Mithois

1983
• *Por uma Noite (Jardin de Otoño)*, de Diana Raznovich

1990
• *O Protagonista (El Protagonista)*, de Luis Augustoni

2002
• *A Visita da Velha Senhora (Der Alte Damen Besuch)*, de Friedrich Dürrenmatt

Empresário e Produtor
Teatro

1966
• *América Injusta (In White América),* de Martin Duberman

• *João Amor e Maria,* de Hermínio Bello de Carvalho
Associado a Kleber Santos, Nelson Xavier e Sergio Sanz

1974
• *Tiro e Queda (L'Idiote),* de Marcel Archard
Associado a Tônia Carrero

• *Constantina (The Constant Wife),* de Somerset Maugham
Associado a Tônia Carrero

1976
• *A Noite dos Campeões (That Championship Season),* de Jason Miller
Associado a Sérgio Britto, Fábio Sabag e Roberto Bakker

1977
• *WM – Na Boca do Túnel,* de Carlos Eduardo Novaes
Associado a Flávio Bruno e Celso B. C. da Fonseca

1979
• *O Fado e a Sina de Matheus e Catirina,* de Benjamim Santos
Associado a Ginaldo de Souza e Flávio Bruno

• *A Resistência,* de Maria Adelaide Amaral
Associado a Ginaldo de Souza e Flávio Bruno

1980
• *Bodas de Papel,* de Maria Adelaide Amaral
Associado a Tônia Carrero

1981
• *O Beijo da Louca,* de Doc Comparato
Associado a Ginaldo de Souza e Flávio Bruno

1983
• *A Volta por Cima,* de Domingos Oliveira e Lenita Plonczinski
Associado a Tônia Carrero e Ginaldo de Souza
• *Por uma Noite (Jardin de Otoño),* de Diana Raznovitch
Associado a Ginaldo de Souza

1984
• *A Divina Sarah (Sarah ou le cri de la langouste),* de John Murrel
Associado a Tonia Carrero

1988
• *Brasileiras e Brasileiros,* de Luis Fernando Veríssimo

Associado a Osmar Prado, Carmem Figueira e Jalusa Barcelos

1990
• *O Protagonista (El Protagonista)*, de Luis Augustoni

2000
• *O Último Suspiro da Palmeira,* de Carlos Thiré
Associado a Carlos e Norma Thiré

**Cargo Gerencial
Televisão**

• Diretor da Divisão de Recursos Artísticos da Rede Globo de Televisão, de janeiro de 1986 a maio de 1987. Durante este período reformulou o Departamento de Elenco nos seguintes itens:

a) Informatização do cadastramento de atores – implantação do sistema *Cadator* junto à Central Globo de Informática;
b) Formulação e início prático das *Oficinas de Reciclagem para Atores*, visando adequação ao produto televisivo;
c) Aperfeiçoamento da pesquisa de novos valores, iniciando a busca de talentos em outros estados da federação;
d) Fundação do Banco de Vídeo, como cadastro de novos talentos;

e) Reformulação e dinamização na assessoria de *casting* às várias produções.

Professor

1970
• Professor visitante na Universidade de Brasília (UNB) de janeiro a julho, lecionando no Instituto de Artes na cadeira de *Cinema*, com os cursos:
a) Oficina de Cinema (nível I e II);
b) Elementos de Arte, Linguagem e Cultura (nível I e II);
c) Elaboração com alunos dos curta-metragens: *Vestibular 70, A Largada* e *Geração da Forma*.

1986 / 1987
• Professor nas Oficinas de Atores da Rede Globo:
a) Oficina Prática de Atores (para reciclagem de profissionais;
b) Oficina de Valores Novos (módulos de 60 horas/aula, para adequação à televisão, dirigido a novos talentos).

1988
• *Oficina para Atores*
Porto Alegre, RS – 30 horas/aula

1989 a 1992
• *Carpintaria do Ator*
Rio de Janeiro, RJ. Curso particular para profissionais, realizado na Casa de Cultura Laura Al-

vim. Já passaram mais de 200 profissionais pelo curso. Em 1991 a *Carpintaria do Ator* foi realizada, também em Curitiba, PR,e Porto Alegre, RS, em períodos intensivos.

1995
• *Atuando na Comédia*
Curso livre realizado na CAL (Casa de Artes de Laranjeiras), no período de 10 de janeiro a 9 de fevereiro
• *REG-IV*
Curso regular na CAL – primeiro semestre
• *Ator e Texto*
Curso livre realizado na CAL, de 30 de agosto a 18 de outubro

1997
• *Atuando na Comédia*
Curso realizado na CAL – período de 9 de abril a 19 de maio
• *REG – IV*
Aulas no curso regular segundo semestre

1998
• Aulas para o pré – CAL – primeiro semestre

2000
• Aulas para o pré – CAL - primeiro semestre
• Aulas curso RG – II – segundo semestre

2001
• Aulas no REG IV – CAL – curso regular - primeiro semestre

2002
- Aulas no Curso REG – I – primeiro semestre

Participação em Sociedades Profissionais

1966 e 1976
- Integrante da Diretoria do Sindicato de Artistas e Técnicos em Espetáculos de Diversões

Desde 1968
- Sócio da Sociedade Brasileira de Autores Teatrais – SBAT

1978
- Membro da Diretoria da Associação Carioca de Empresários Teatrais

Prêmios e Distinções

1964
- Escolhido como Revelação Masculina do Ano, em teatro, como ator, pelo jornal O Globo

1968
- O filme *O Diabo Mora no Sangue* foi escolhido para representar o Brasil nos festivais de Karlov Vari e San Sebastian

1974
• Prêmio Associação Paulista de Críticos de Arte (APCA) como Melhor Ator de Cinema, no filme *Ainda Agarro essa Vizinha*

1975
• A tradução de **Casa de Bonecas**, de Henrik Ibsen, foi publicada pela Editora Abril

1975
• Prêmio Molière (Air France) de Melhor Diretor Teatral, pela peça *A Noite dos Campeões*

1978
• O filme *O Ibrahim de Subúrbio* foi selecionado para concorrer ao festival de Gramado, tendo o ator José Lewgoy, recebido o prêmio de Melhor Ator

1979
• O roteiro do filme *Comes e Bebes* foi selecionado pela Embrafilme, em concurso, para ser produzido
• Prêmio Molière (Air France) de Melhor Diretor Teatral, pelas peças *O Fado e a Sina de Matheus e Catirina* e *A Resistência*

1984
• Prêmio do Instituto Nacional de Artes Cênicas à produção de *A Divina Sarah*, como um dos cinco melhores espetáculos do ano

Índice

Apresentação – José Serra	5
Coleção Aplauso – Hubert Alquéres	7
Introdução	13
O Dom de Iludir	19
A Gênese	33
Os Anos 60 – Tempo de Revolução	57
Os Anos 70 – Do Desemprego à Consagração	75
Os Anos 80 – Hora de Novos Desafios	127
Os Anos 90 – Momento de Transição	173
Um Novo Século – A Busca por Novos Caminhos	219
O Mestre do Seu Ofício	235
O Método do Cecil	239
Cronologia de uma Carreira	265

Crédito das Fotografias

Flash Studio 126

Fredy Kleeman 266, 267

Lenise Pinheiro 27

Lisette Guerra 12, 163, 172

Marco Rodrigues 155

A despeito dos esforços de pesquisa empreendidos pela Editora para identificar a autoria das fotos expostas nesta obra, parte delas não é de autoria conhecida de seus organizadores.
Agradecemos o envio ou comunicação de toda informação relativa à autoria e/ou a outros dados que porventura estejam incompletos, para que sejam devidamente creditados.

Coleção Aplauso

Série Cinema Brasil

Alain Fresnot – Um Cineasta sem Alma
Alain Fresnot

Agostinho Martins Pereira – Um Idealista
Máximo Barro

O Ano em Que Meus Pais Saíram de Férias
Roteiro de Cláudio Galperin, Bráulio Mantovani, Anna Muylaert
e Cao Hamburger

Anselmo Duarte – O Homem da Palma de Ouro
Luiz Carlos Merten

Antonio Carlos da Fontoura – Espelho da Alma
Rodrigo Murat

Ary Fernandes – Sua Fascinante História
Antônio Leão da Silva Neto

O Bandido da Luz Vermelha
Roteiro de Rogério Sganzerla

Batismo de Sangue
Roteiro de Dani Patarra e Helvécio Ratton

Bens Confiscados
Roteiro comentado pelos seus autores Daniel Chaia
e Carlos Reichenbach

Braz Chediak – Fragmentos de uma vida
Sérgio Rodrigo Reis

Cabra-Cega
Roteiro de Di Moretti, comentado por Toni Venturi
e Ricardo Kauffman

O Caçador de Diamantes
Roteiro de Vittorio Capellaro, comentado por Máximo Barro

Carlos Coimbra – Um Homem Raro
Luiz Carlos Merten

Carlos Reichenbach – O Cinema Como Razão de Viver
Marcelo Lyra

A Cartomante
Roteiro comentado por seu autor Wagner de Assis

Casa de Meninas
Romance original e roteiro de Inácio Araújo

O Caso dos Irmãos Naves
Roteiro de Jean-Claude Bernardet e Luis Sérgio Person

O Céu de Suely
Roteiro de Karim Aïnouz, Felipe Bragança e Maurício Zacharias

Chega de Saudade
Roteiro de Luiz Bolognesi

Cidade dos Homens
Roteiro de Elena Soárez

Como Fazer um Filme de Amor
Roteiro escrito e comentado por Luiz Moura e José Roberto Torero

O Contador de Histórias
Roteiro de Mauricio Arruda, José Roberto Torero, Mariana Veríssimo e Luiz Villaça

Críticas de B.J. Duarte – Paixão, Polêmica e Generosidade
Org. Luiz Antônio Souza Lima de Macedo

Críticas de Edmar Pereira – Razão e Sensibilidade
Org. Luiz Carlos Merten

Críticas de Jairo Ferreira – Críticas de invenção:
Os Anos do São Paulo Shimbun
Org. Alessandro Gamo

Críticas de Luiz Geraldo de Miranda Leão – Analisando Cinema: Críticas de LG
Org. Aurora Miranda Leão

Críticas de Rubem Biáfora – A Coragem de Ser
Org. Carlos M. Motta e José Júlio Spiewak

De Passagem
Roteiro de Cláudio Yosida e Direção de Ricardo Elias

Desmundo
Roteiro de Alain Fresnot, Anna Muylaert e Sabina Anzuategui

Djalma Limongi Batista – Livre Pensador
Marcel Nadale

Dogma Feijoada: O Cinema Negro Brasileiro
Jeferson De

Dois Córregos
Roteiro de Carlos Reichenbach

A Dona da História
Roteiro de João Falcão, João Emanuel Carneiro e Daniel Filho

Os 12 Trabalhos
Roteiro de Cláudio Yosida e Ricardo Elias

Estômago
Roteiro de Lusa Silvestre, Marcos Jorge e Cláudia da Natividade

Fernando Meirelles – Biografia Prematura
Maria do Rosário Caetano

Fim da Linha
Roteiro de Gustavo Steinberg e Guilherme Werneck; Story-
boards de Fábio Moon e Gabriel Bá

Fome de Bola – Cinema e Futebol no Brasil
Luiz Zanin Oricchio

Geraldo Moraes – O Cineasta do Interior
Klecius Henrique

Guilherme de Almeida Prado – Um Cineasta Cinéfilo
Luiz Zanin Oricchio

Helvécio Ratton – O Cinema Além das Montanhas
Pablo Villaça

O Homem que Virou Suco
Roteiro de João Batista de Andrade, organização de Ariane
Abdallah e Newton Cannito

Ivan Cardoso – O Mestre do Terrir
Remier

João Batista de Andrade – Alguma Solidão e Muitas Histórias
Maria do Rosário Caetano

Jorge Bodanzky – O Homem com a Câmera
Carlos Alberto Mattos

José Antonio Garcia – Em Busca da Alma Feminina
Marcel Nadale

José Carlos Burle – Drama na Chanchada
Máximo Barro

Liberdade de Imprensa – O Cinema de Intervenção
Renata Fortes e João Batista de Andrade

Luiz Carlos Lacerda – Prazer & Cinema
Alfredo Sternheim

Maurice Capovilla – A Imagem Crítica
Carlos Alberto Mattos

Mauro Alice – Um Operário do Filme
Sheila Schvarzman

Miguel Borges – Um Lobisomem Sai da Sombra
Antônio Leão da Silva Neto

Não por Acaso
Roteiro de Philippe Barcinski, Fabiana Werneck Barcinski e Eugênio Puppo

Narradores de Javé
Roteiro de Eliane Caffé e Luís Alberto de Abreu

Onde Andará Dulce Veiga
Roteiro de Guilherme de Almeida Prado

Orlando Senna – O Homem da Montanha
Hermes Leal

Pedro Jorge de Castro – O Calor da Tela
Rogério Menezes

Quanto Vale ou É por Quilo
Roteiro de Eduardo Benaim, Newton Cannito e Sergio Bianchi

Ricardo Pinto e Silva – Rir ou Chorar
Rodrigo Capella

Rodolfo Nanni – Um Realizador Persistente
Neusa Barbosa

Salve Geral
Roteiro de Sérgio Rezende e Patrícia Andrade

O Signo da Cidade
Roteiro de Bruna Lombardi

Ugo Giorgetti – O Sonho Intacto
Rosane Pavam

Vladimir Carvalho – Pedras na Lua e Pelejas no Planalto
Carlos Alberto Mattos

Viva-Voz
Roteiro de Márcio Alemão

Zuzu Angel
Roteiro de Marcos Bernstein e Sergio Rezende

Série Cinema

Bastidores – Um Outro Lado do Cinema
Elaine Guerini

Série Ciência & Tecnologia

Cinema Digital – Um Novo Começo?
Luiz Gonzaga Assis de Luca

A Hora do Cinema Digital – Democratização e Globalização do Audiovisual
Luiz Gonzaga Assis de Luca

Série Crônicas

Crônicas de Maria Lúcia Dahl – O Quebra-cabeças
Maria Lúcia Dahl

Série Dança

Rodrigo Pederneiras e o Grupo Corpo – Dança Universal
Sérgio Rodrigo Reis

Série Teatro Brasil

Alcides Nogueira – Alma de Cetim
Tuna Dwek

Antenor Pimenta – Circo e Poesia
Danielle Pimenta

Cia de Teatro Os Satyros – Um Palco Visceral
Alberto Guzik

Críticas de Clóvis Garcia – A Crítica Como Oficio
Org. Carmelinda Guimarães

Críticas de Maria Lucia Candeias – Duas Tábuas e Uma Paixão
Org. José Simões de Almeida Júnior

Federico García Lorca – Pequeno Poema Infinito
Roteiro de José Mauro Brant e Antonio Gilberto

João Bethencourt – O Locatário da Comédia
Rodrigo Murat

Leilah Assumpção – A Consciência da Mulher
Eliana Pace

Luís Alberto de Abreu – Até a Última Sílaba
Adélia Nicolete

Maurice Vaneau – Artista Múltiplo
Leila Corrêa

Renata Palottini – Cumprimenta e Pede Passagem
Rita Ribeiro Guimarães

Teatro Brasileiro de Comédia – Eu Vivi o TBC
Nydia Licia

O Teatro de Alcides Nogueira – Trilogia: Ópera Joyce – Gertrude Stein, Alice Toklas & Pablo Picasso –

Pólvora e Poesia
Alcides Nogueira

O Teatro de Ivam Cabral – Quatro textos para um teatro veloz: Faz de Conta que tem Sol lá Fora – Os Cantos de Maldoror – De Profundis – A Herança do Teatro
Ivam Cabral

O Teatro de Noemi Marinho: Fulaninha e Dona Coisa, Homeless, Cor de Chá, Plantonista Vilma
Noemi Marinho

Teatro de Revista em São Paulo – De Pernas para o Ar
Neyde Veneziano

O Teatro de Samir Yazbek: A Entrevista – O Fingidor – A Terra Prometida
Samir Yazbek

Teresa Aguiar e o Grupo Rotunda – Quatro Décadas em Cena
Ariane Porto

Série Perfil

Aracy Balabanian – Nunca Fui Anjo
Tania Carvalho

Arllete Montenegro – Fé, Amor e Emoção
Alfredo Sternheim

Ary Fontoura – Entre Rios e Janeiros
Rogério Menezes

Bete Mendes – O Cão e a Rosa
Rogério Menezes

Betty Faria – Rebelde por Natureza
Tania Carvalho

Carla Camurati – Luz Natural
Carlos Alberto Mattos

Celso Nunes – Sem Amarras
Eliana Rocha

Cleyde Yaconis – Dama Discreta
Vilmar Ledesma

David Cardoso – Persistência e Paixão
Alfredo Sternheim

Denise Del Vecchio – Memórias da Lua
Tuna Dwek

Elisabeth Hartmann – A Sarah dos Pampas
Reinaldo Braga

Emiliano Queiroz – Na Sobremesa da Vida
Maria Leticia

Etty Fraser – Virada Pra Lua
Vilmar Ledesma

Ewerton de Castro – Minha Vida na Arte: Memória e Poética
Reni Cardoso

Fernanda Montenegro – A Defesa do Mistério
Neusa Barbosa

Geórgia Gomide – Uma Atriz Brasileira
Eliana Pace

Gianfrancesco Guarnieri – Um Grito Solto no Ar
Sérgio Roveri

Glauco Mirko Laurelli – Um Artesão do Cinema
Maria Angela de Jesus

Ilka Soares – A Bela da Tela
Wagner de Assis

Irene Ravache – Caçadora de Emoções
Tania Carvalho

Irene Stefania – Arte e Psicoterapia
Germano Pereira

Isabel Ribeiro – Iluminada
Luis Sergio Lima e Silva

Joana Fomm – Momento de Decisão
Vilmar Ledesma

John Herbert – Um Gentleman no Palco e na Vida
Neusa Barbosa

Jonas Bloch – O Ofício de uma Paixão
Nilu Lebert

José Dumont – Do Cordel às Telas
Klecius Henrique

Leonardo Villar – Garra e Paixão
Nydia Licia

Lília Cabral – Descobrindo Lília Cabral
Analu Ribeiro

Lolita Rodrigues – De Carne e Osso
Eliana Castro

Louise Cardoso – A Mulher do Barbosa
Vilmar Ledesma

Marcos Caruso – Um Obstinado
Eliana Rocha

Maria Adelaide Amaral – A Emoção Libertária
Tuna Dwek

Marisa Prado – A Estrela, O Mistério
Luiz Carlos Lisboa

Mauro Mendonça – Em Busca da Perfeição
Renato Sérgio

Miriam Mehler – Sensibilidade e Paixão
Vilmar Ledesma

Nicette Bruno e Paulo Goulart – Tudo em Família
Elaine Guerrini

Nívea Maria – Uma Atriz Real
Mauro Alencar e Eliana Pace

Niza de Castro Tank – Niza, Apesar das Outras
Sara Lopes

Paulo Betti – Na Carreira de um Sonhador
Teté Ribeiro

Paulo José – Memórias Substantivas
Tania Carvalho

Pedro Paulo Rangel – O Samba e o Fado
Tania Carvalho

Regina Braga – Talento é um Aprendizado
Marta Góes

Reginaldo Faria – O Solo de Um Inquieto
Wagner de Assis

Renata Fronzi – Chorar de Rir
Wagner de Assis

Renato Borghi – Borghi em Revista
Élcio Nogueira Seixas

Renato Consorte – Contestador por Índole
Eliana Pace

Rolando Boldrin – Palco Brasil
Ieda de Abreu

Rosamaria Murtinho – Simples Magia
Tania Carvalho

Rubens de Falco – Um Internacional Ator Brasileiro
Nydia Licia

Ruth de Souza – Estrela Negra
Maria Ângela de Jesus

Sérgio Hingst – Um Ator de Cinema
Máximo Barro

Sérgio Viotti – O Cavalheiro das Artes
Nilu Lebert

Silvio de Abreu – Um Homem de Sorte
Vilmar Ledesma

Sônia Guedes – Chá das Cinco
Adélia Nicolete

Sonia Maria Dorce – A Queridinha do meu Bairro
Sonia Maria Dorce Armonia

Sonia Oiticica – Uma Atriz Rodrigueana?
Maria Thereza Vargas

Suely Franco – A Alegria de Representar
Alfredo Sternheim

Tatiana Belinky – ... E Quem Quiser Que Conte Outra
Sérgio Roveri

Tony Ramos – No Tempo da Delicadeza
Tania Carvalho

Umberto Magnani – Um Rio de Memórias
Adélia Nicolete

Vera Holtz – O Gosto da Vera
Analu Ribeiro

Vera Nunes – Raro Talento
Eliana Pace

Walderez de Barros – Voz e Silêncios
Rogério Menezes

Zezé Motta – Muito Prazer
Rodrigo Murat

Especial

Agildo Ribeiro – O Capitão do Riso
Wagner de Assis

Beatriz Segall – Além das Aparências
Nilu Lebert

Carlos Zara – Paixão em Quatro Atos
Tania Carvalho

Cinema da Boca – Dicionário de Diretores
Alfredo Sternheim

Dina Sfat – Retratos de uma Guerreira
Antonio Gilberto

Eva Todor – O Teatro de Minha Vida
Maria Angela de Jesus

Eva Wilma – Arte e Vida
Edla van Steen

Gloria in Excelsior – Ascensão, Apogeu e Queda do Maior Sucesso da Televisão Brasileira
Álvaro Moya

Lembranças de Hollywood
Dulce Damasceno de Britto, organizado por Alfredo Sternheim

Maria Della Costa – Seu Teatro, Sua Vida
Warde Marx

Ney Latorraca – Uma Celebração
Tania Carvalho

Raul Cortez – Sem Medo de se Expor
Nydia Licia

Rede Manchete – Aconteceu, Virou História
Elmo Francfort

Sérgio Cardoso – Imagens de Sua Arte
Nydia Licia

Tônia Carrero – Movida pela Paixão
Tania Carvalho

TV Tupi – Uma Linda História de Amor
Vida Alves

Victor Berbara – O Homem das Mil Faces
Tania Carvalho

Walmor Chagas – Ensaio Aberto para Um Homem Indignado
Djalma Limongi Batista

Formato: 12 x 18 cm

Tipologia: Frutiger

Papel miolo: Offset LD 90 g/m^2

Papel capa: Triplex 250 g/m^2

Número de páginas: 316

Editoração, CTP, impressão e acabamento:
Imprensa Oficial do Estado de São Paulo

Coleção Aplauso Série Perfil

Coordenador Geral	Rubens Ewald Filho
Coordenador Operacional e Pesquisa Iconográfica	Marcelo Pestana
Projeto Gráfico	Carlos Cirne
Editor Assistente	Felipe Goulart
Editoração	Ana Lúcia Charnyai
Tratamento de Imagens	José Carlos da Silva
Revisão	Dante Pascoal Corradini

© **imprensaoficial** 2009

Dados Internacionais de Catalogação na Publicação
Biblioteca da Imprensa Oficial do Estado de São Paulo

Carvalho, Tania
Cecil Thiré : mestre do seu ofício / Tania Carvalho – São
Paulo : Imprensa Oficial do Estado de São Paulo, 2009.
316p. : il. – (Coleção aplauso. Série Perfil / Coordenador
geral Rubens Ewald Filho)

ISBN 978-85-7060-727-0

1. Cinema – Brasil – Produtores e diretores 2. Atores –
Brasil – Biografia 3. Thiré, Cecil, 1943 I. Ewald Filho, Rubens.
II. Título. III. Série.

CDD 791.092

Índices para catálogo sistemático:
1. Atores brasileiros : Biografia 791.092

Proibida reprodução total ou parcial sem autorização
prévia do autor ou dos editores
Lei nº 9.610 de 19/02/1998

Foi feito o depósito legal
Lei nº 10.994, de 14/12/2004

Impresso no Brasil / 2009

Todos os direitos reservados.

Imprensa Oficial do Estado de São Paulo
Rua da Mooca, 1921   Mooca
03103-902   São Paulo   SP
www.imprensaoficial.com.br/livraria
livros@imprensaoficial.com.br
Grande São Paulo SAC 11 5013 5108 | 5109
Demais localidades 0800 0123 401

Coleção *Aplauso* I em todas as livrarias e no site
www.imprensaoficial.com.br/livraria

imprensaoficial